写真アルバム

たつの・宍粟・太子の昭和

色彩の記憶

——カラー写真でたどる郷土の昭和

▲**「龍野武者行列」復活十周年記念**　「龍野武者行列」は、第9代龍野藩主・脇坂安宅《やすおり》が藩祖・安治を偲んだ行事に因むといわれ、明治初期頃、龍野神社の神事に旧藩士が甲冑姿で神輿渡御に随行したのが始まりと伝わる。戦争によって中断されていたが、昭和26年、龍野町と周辺4カ村の合併により実現した龍野市の誕生に併せ、市民の祭りとして再開された。しかし同36年まで行われた後に中断、52年に再び復活した。龍野地区老人会の奉仕で子ども鎧、赤具足50領、黒具足50領が作られたという。写真は復活10周年記念を迎えた年のもの。より盛大で、320人の参加者があった。前列中央は藩主の子孫にあたる脇坂研之氏、その後列中央ではミス龍野が巴御前に扮している。〈たつの市龍野町中霞城・昭和61年・提供＝龍野武者行列保存会〉

◀揖保川大橋の渡り初め
揖保川大橋は昭和49年に竣工したが、取り付け道路の整備を待って、開通式が同53年10月4日に行われた。神事の後、曽谷勇夫町長、三代夫婦が神職に続き、近隣住民も加わって渡り初めが行われた。以前に架かっていた正條橋は、幅が狭く大型トラックが欄干をこすって火花が出るため「火花橋」と呼ばれていたという。〈たつの市揖保川町正條・昭和53年・提供＝盛田賢孝氏〉

▲「門の外」の町並み　龍野城下には近世の初めに５つの町が形成されており、それぞれ町を区切る門や木戸が設けられていた。城下町の北、上川原町から町外へ通じる所には「上川原口門」があった。そのためこの付近を「門の外」という。現在も城下町特有の町割りに古い家並みが連続して残る。越し屋根（煙出し）がみられるのが末廣醤油。家々の軒には祭礼のための注連縄《しめなわ》が張られている。看板の「16BK」の文字が面白い。〈たつの市龍野町門の外・昭和48年頃・提供＝梶浦文雄氏〉

◀**電線電柱移設直前の旧士族屋敷界隈**　鳥ヶ撓《とりがたわ》界隈。龍野カトリック教会は、もと脇坂子爵邸。城下町の風情を残すため、建物側の電柱・電話線柱を昭和54年に撤去、移設した。屋敷は現在、旧脇坂屋敷としてたつの市が整備、一般公開されている。〈たつの市龍野町中霞城・昭和54年・提供＝室井美千博氏・藤井十郎氏蔵〉

▶**旧龍野警察署**　昭和7年に完成した旧龍野警察署の庁舎である。移転後の跡地はたつの市観光駐車場になっている。〈たつの市龍野町川原町・昭和56年・提供＝梶浦文雄氏〉

▼**寝釈迦《ねしゃか》の渡し**　姫路から美作（岡山県）方面へ向かう美作道・因幡街道（因伯雲作往還）の宿駅・觜崎《はしさき》宿は、揖保川に分断され東西に分かれていた。これを結んでいたのが觜崎の渡しである。揖保川左岸から対岸（西南）を見渡すと山稜の形が写真左の鶏籠山を頭としたお釈迦様の寝姿に似ているため寝釈迦の渡しとも呼ばれた。また左岸の渡し場の川上方向に切り立つ岩山には觜崎磨崖仏と呼ばれる5体の地蔵尊が彫られており、そのうち1体には文和3年（1354）の銘文がある。〈たつの市新宮町・昭和56年・提供＝梶浦文雄氏〉

▲新宮平野　嘴崎《はしさき》山より見た新宮町南部である。写真左に2本の橋が架かるが、奥（川下）が觜崎橋。その昔はこの辺りに美作街道の觜崎の渡し、すなわち寝釈迦の渡しがあった。平野の向こうの山稜がその寝釈迦である。手前の橋は姫新線が通っており、觜崎橋が流失した際に住民たちは仕方なくこの鉄橋を使ったが、機関車にはねられた者もあった。〈たつの市新宮町觜崎・昭和62年・提供＝志水出吉氏〉

▶新春の室津漁港　新年を迎えると室津の漁師は船に大漁旗を付けた竹を掲げ、注連飾りと餅を備えて、1年の大漁と安全を祈る。戦後に始まった風習だが、風に大漁旗がなびく風景は室津の正月の風物詩になっている。〈たつの市御津町室津・昭和48年頃・提供＝武内憲章氏〉

◀**山崎八幡神社の秋祭りの行列**　先頭は法被姿の子どもたち。特撮テレビ番組の「超人バロム・1」や「変身忍者嵐」の看板を高々と掲げて行進しているのは山田町の商店街である。この頃にはアーケードとなっていた。〈宍粟市山崎町山崎・昭和50年・提供＝あがた薬局〉

▲**山田町の商店街の除雪作業**　各商店が店先の除雪に追われている。当地での積雪は稀で、除雪作業をするのは年に数回程度。写真に写る雪国育ちの女性は郷愁からか、この雪を楽しんでいたという。〈宍粟市山崎町山崎・昭和 40 年・提供＝あがた薬局〉

▶**神戸銀行前でお見送り**　神戸銀行山崎支店を背に、お盆参りの親戚と撮影。バス乗り場まで見送ってきたところという。この場所は現在、みなと銀行山崎支店となっている。〈宍粟市山崎町鹿沢・昭和 45 年頃・提供＝あがた薬局〉

▼**平見山より南東方面を望む**　写真左下、山の麓に戸原小学校が見える。その近くは宇原、右側は下宇原の集落である。写真中央を横切って走るのは県道 80 号で、昔は書写街道と呼ばれていた。右端に写るのは関西電力の超高圧送電用鉄塔である。〈宍粟市山崎町宇原周辺・昭和 59 年・提供＝志水出吉氏〉

▶**山崎警察署前で交通安全パレード**　当時の山崎警察署前で、交通安全週間にちなみ、山崎中学校吹奏楽部が演奏をしている。現在の西兵庫信用金庫北口付近にあたる場所である。〈宍粟市山崎町山崎・昭和 51 年・提供＝あがた薬局〉

◀**藁《わら》ぐろのある風景**　稲藁は、藁ぐろ（つぼきともいう）にして乾燥保存し、牛の飼料、縄、俵、蓆《むしろ》などに広く利用された。晩秋ののどかな風景が、戸原富士の前に展開する。白い建物は戸原小学校。〈宍粟市山崎町宇原・昭和61年・提供＝志水出吉氏〉

▲**西播波賀工場**　大正8年に創立。昭和21年からランドセルや学生鞄などの製造を開始した老舗メーカーの波賀工場が同52年に新設された。この頃の社名は西播。同61年にセイバンに改組された後も西播磨地域を拠点に高品質の商品を生み出している。写真は南向きに撮影されたもので、中央が同社。右側には波賀中学校が見える。〈宍粟市波賀町安賀・昭和53年頃・提供＝株式会社セイバン〉

▶**上川原町の子ども神輿**　旧龍野町の城下町一帯は、粒坐天照《いいぼにますあまてらす》神社の氏子域である。各町内ごとに子ども神輿が繰り出し、上川原町でも町内を練り歩く。醤油樽でつくった樽神輿も見られた。〈たつの市・昭和 49 年・提供＝楠由紀子氏〉

◀**城山八幡神社（龍野神社境内摂社）の修復**　城山八幡神社は、当初は城山（鶏籠山《けいろうざん》）の龍野古城の守護神として、東觜崎の六条八幡社から勧請して山上に祀られていた。文久 2 年（1862）に第 9 代龍野藩主・脇坂安宅が藩祖安治を祭神とする神社（のちの龍野神社）の本殿拝殿を建立し、翌年にその境内へ城山八幡神社も遷座された。昭和 52 年春から龍野神社の整備とともに修復が進められた。同年 9 月 18 日に竣工式を行った。〈たつの市龍野町中霞城・昭和 52 年・提供＝室井美千博氏、藤井十郎氏蔵〉

▶**馬場賀茂神社絵馬堂竣工**　古くからの馬場の鎮守、賀茂神社に絵馬堂が竣工し、祝賀行事が盛大に催された。写真は神社へお参りする氏子たち。女性は菅笠をかぶり、手には鳴子を持ち、踊りながら歩を進めている。人々の背後の大きなビニールシートは、この地区が野菜の生産が盛んなことを物語っている。写真上に見える集落が馬場。〈たつの市揖保川町馬場・昭和 46 年・提供＝北川一夫氏〉

▲**第１回夜比良《やひら》神社子ども神輿**　全国的に神社の祭礼は、高度経済成長と共に衰退傾向にあった。そうした傾向に歯止めをかけようと、夜比良神社では昭和51年から戦前の屋台に代えて子ども神輿が始められた。5地区ある氏子域それぞれに地区の色が決められ、当初は8基の神輿が繰り出した。そのほか和太鼓、獅子舞、氏子総踊りなどが奉納され、祭りを彩った。同神社の祭神は国作大己貴命《くにつくりおおなむちのみこと》（大国主命）である。〈たつの市揖保町揖保上・昭和51年・提供＝盛田賢孝氏〉

◀**播州一宮伊和神社の三つ山大祭**　甲子の年、すなわち61年目ごとに一度挙行される盛大な大祭のようす。氏子地区がそれぞれに屋台を持ち、当番順にお練りが行われる。本殿が珍しい北向きであるのは、創建の折、祭神と思しき白鶴2羽が後に鶴石と呼ばれることとなる石の上で北向きに眠ったという逸話による。〈宍粟市一宮町須行名・昭和59年・提供＝志水出吉氏〉

▲龍野野球協会会長旗争奪野球大会　龍野野球協会（現兵庫県軟式野球連盟龍野支部・龍野野球協会）は、昭和25年に浅井博氏を初代会長に結成された。会長旗争奪野球大会は、同30年から龍野市民グラウンドで始められ、現在も続いている。第1回の優勝チームは兵庫種畜牧場であった。写真の井河原産業チームは武木田監督（前列中央）のもと、第19回大会で優勝している。〈たつの市龍野町上霞城・昭和45年・提供＝梶浦文雄氏〉

▶山陽自動車道の建設風景　半田山から西側方面を見たところで、山陽自動車道の建設が国道2号沿いに進められている。この地域では竜野西（現龍野西）ICが昭和57年に、竜野（現龍野）ICと竜野西（現龍野西）SAが平成2年に供用開始した。〈たつの市揖保川町半田・昭和59年・提供＝志水出吉氏〉

◀台風による山津波　昭和51年9月13日、台風17号による豪雨のため、下三方小学校の裏山が山津波により崩れ落ち、三階建ての校舎や公共施設、多くの民家などを押し流した。この土砂によって揖保川がせき止められたため、被害はさらに大きくなった。〈宍粟市一宮町生栖～福知・昭和51年・提供＝米澤充氏〉

▶**写生大会**　龍野城跡のある鶏籠山南西から的場山南の山麓に整備された龍野公園内。小動物園もあり、描くものには事欠かない。カメラに気付いて顔を上げる児童たち。〈たつの市龍野町中霞城・昭和 46 年頃・提供＝楠由紀子氏〉

▼**餅つき大会**　龍野保育所での餅つき大会のようす。小さな手でしっかりと杵を餅に振り下ろす。やっと自分の番が来てやる気満々。年に一度のこのときばかりは、ジャングルジムやすべり台も寂しそうだ。〈たつの市龍野町上霞城・昭和 52 年頃・提供＝渡部清子氏〉

▲**第一仏光こども園の卒園式**　昭和 24 年に設立された第一仏光こども園の第 30 回卒園記念写真。写真に収まるのはゆり組の園児たちである。〈たつの市揖保川町山津屋・昭和 55 年・提供＝吉田斉氏〉

▶山崎小学校の本館落成記念運動会　昭和48年、山崎小学校の校舎第2期工事が完成。この年の運動会は本館落成記念と銘打ち、グラウンドで鼓笛隊が演奏を披露している。〈宍粟市山崎町鹿沢・昭和48年・提供＝あがた薬局〉

◀城下《じょうした》小学校卒業式　どの学校でもいろいろな趣向を凝らして卒業生を送り出す。写真では校門外れまで在校生が並び、拍手とともに見送っている。この日は六十数人の児童が懐かしい学び舎を後にした。〈宍粟市山崎町御名・昭和56年・提供＝志水出吾氏〉

▶山崎幼稚園の運動会　山崎幼稚園は大正10年からの長い歴史を持つ公立幼稚園。はためく日の丸の下で開催された運動会で、紅白それぞれの三角帽を頭に、園児たちが踊っているようだ。〈宍粟市山崎町門前・昭和42年・提供＝あがた薬局〉

◀千種東小学校を訪問　太子町の太田小学校の児童たちが千種東小学校を訪問した記念に撮影された一枚で、到着した一行を出迎えるようすである。千種東小学校は、この前年に校舎が焼失、新しい校舎が建設されたが、平成23年に閉校している。〈宍粟市千種町鷹巣・昭和42年・提供＝太子町立歴史資料館、太田小学校蔵〉

◀**斑鳩小学校百周年記念大運動会**　明治6年に創立された鵤村新町の斑鳩小学校と鵤村北の馬場の鵤小学校が同年に合併し、斑鳩小学校として発足。以来100周年を迎えたこの年の大運動会のようすである。運動場では綱引きの真っ最中。聖徳太子ゆかりの斑鳩寺に隣接し、シンボルの「せんだんの木」は今も子どもたちを見守る。〈揖保郡太子町鵤・昭和49年・提供＝太子町立歴史資料館、斑鳩小学校蔵〉

▶**太田小学校運動会**　万国旗の下、校庭で行われているのは紅白に分かれた女子による演技のようである。太田小学校が「太田」の名を冠したのは明治32年だが、創始は同8年。140年以上の歴史を持ち、現在の児童数は1,000人を超える。〈揖保郡太子町東出・昭和50年・提供＝太子町立歴史資料館、太田小学校蔵〉

◀**空から見た石海小学校周辺**　人文字の校名のすぐ上に写る赤い屋根は昭和30年築の講堂。写真手前のプールも同年竣工である。右側には青と白でデザインされた太子町学校給食共同処理センター、その下に舎人親王を祭神とする崇道神社の社が見える。左上は同47年完成の鉄筋コンクリート造三階建ての校舎で、2棟つながった形になっている。その下に赤い屋根の石海幼稚園、さらに下は太子町農協石海支所である。〈揖保郡太子町福地・昭和51年・提供＝太子町立歴史資料館、石海小学校蔵〉

▲「よそ行き」の手にもウルトラマン　富永の中川原公園で、笑顔の子どもたち。「よそ行き」の服の男の子はしっかりと、当時大人気だったウルトラマン人形を持っている。〈たつの市龍野町富永・昭和45年・提供＝平田美世子氏〉

▼下川原商店街の土曜夜店　色とりどりのヨーヨー釣りに興じる子どもたち。夏休みになると始まる下川原商店街の名物である土曜夜店のひとコマである。お化け屋敷など催し物もたくさんあり、子どもたちの元気な声が飛び交った。〈たつの市龍野町下川原・昭和47年・提供＝楠由紀子氏〉

▲宮中そうめん流し　夏の風物詩、そうめん流しの発祥は宮崎県の高千穂町とか、否《いな》、そうめんの本場播州波賀の里だとか…。ここ国道29号沿いのそうめん流しは、山からの出水を利用し、よく冷えて美味だった。〈宍粟市波賀町鹿伏・昭和43年・提供＝太子町立歴史資料館、太田小学校蔵〉

▶**春の池ノ浜**　室津の網元はイワシやイカナゴを加工する浜を持っている。中央に見える煉瓦の煙突は木綿の網を柿渋で染めるためのもの。浜辺に並ぶ茅葺き屋根とトタン屋根の建物は加工場と倉庫である。〈たつの市御津町室津・昭和33年・撮影＝吉村廣夫氏〉

◀**室津発姫路行きの神姫バス**　鉄道のない室津ではバスが唯一の交通手段であった。昭和39年までは、室津の町なかに神姫バスの車庫があり、この写真の頃は、フロント部にエンジンを備えたボンネットバスが室津から姫路や網干間を運行していた。〈たつの市御津町室津・昭和33年・撮影＝吉村廣夫氏〉

▶**４車線化工事中の国道２号**　北向きに撮影している。写真中央を斜めに走るのが国道２号（２車線）。右上部、揖保川を跨いで新たな道が並行して造られ、取り付け道路の工事も始まっている。国道を南北に挟んでいる建物は井河原産業の工場で、北工場の一部は建設中である。北工場の右はイボキンの工場。写真左では住宅地の開発が進む。手前の線路は山陽本線である。この４車線化が完了したのは平成３年である。〈たつの市揖保川町正條・昭和50年代後半・提供＝井河原産業株式会社〉

宍粟・たつの・太子　―山、川、海へつづく物語り―

監修　**盛田賢孝**（夜比良神社宮司・元たつの市教育委員会教育次長）

兵庫県の屋根と言われる県下最高峰の氷ノ山をはじめ藤無山、三室山など千メートル級の山々から流れる千種川、揖保川は階段状に高度を下げながら南流し、揖龍の沃野を豊かに潤して播磨灘に注ぐ。

これらの上流域にあたる宍粟郡は『播磨国風土記』に「難波長柄豊前天皇《なにはのながらのとよさきのすめらみこと》の世《みよ》に揖保郡《いひほのこほり》を分《わか》ちて宍禾郡《しさはのこほり》を作り」とあるとおり、元はひとつの揖保郡で、古来、揖保川下流域（現たつの市及び太子町）と密接な結びつきがあった。江戸時代の元和年間（一六一五～一六二四）、揖保川に宍粟市山崎町の出石《いだいし》から河口の網干まで水運が開かれ、ひと、もの、文化の往来が活発化した。天保十年（一八三九）には龍野より上流の村々がもつ高瀬舟は一三〇艘を数えたという。

明治維新以降、日本は西欧の知識、制度、技術などを導入し、ひたすら近代化の道を歩み、そして迎えた昭和という時代は、政治、経済、地方自治、文化等、あらゆる歴史の転換期となった。この地域においては空襲という物的被害から免れ、戦後の高度経済成長期に重工場群が集積していく播磨臨海工業地帯の後背地として発展を支えた。一方、そのことは中山間地域の人口流出を加速させ、兼業農家の増加を促した。いわゆる「三ちゃん農業」という言葉が生まれたのもこの頃である。また戦後の農村施策である「生活改善普及事業」の推進や、生活様式、価値観の多様化等により、冠婚葬祭をはじめ地域の伝統行事に対する取り組み方や認識が変化し、その多くが失われていった時代でもあった。

本書は、そうした昭和の時代に生きた人々の暮らしぶりの瞬間を写真で再現しようというものである。公式の記録には残らないであろう市井の人々の面影を留め、あるいは自分とつながった人々、ゆかりある人たち、身近な地域の出来事や事柄を映している。一枚の写真から何が読み取れるのか、写真を「過去の化石」とせずに、背景を読み取る。その試みは、昭和に置いてきた忘れ物を見つけることに通じる。本書の目的の一つはそこにあるのかも知れない。

目次

2 ページ写真
右：馬場賀茂神社で行われた地域の親睦会〈たつの市揖保川町馬場・昭和 48 年・提供＝吉田斉氏〉
中：回転鉄棒で遊ぶ子ども〈たつの市揖保町西構・昭和 50 年頃・提供＝武内憲章氏〉
左：大人気だった日本スピッツと一緒に〈宍粟市山崎町山崎・昭和 40 年・提供＝あがた薬局〉
3 ページ写真
右：オートバイに乗る親子〈宍粟市波賀町谷・昭和 30 年代・提供＝米澤充氏〉
中：斑鳩寺太子会式の露店で〈揖保郡太子町鵤・昭和 49 年・提供＝武内憲章氏〉
左：八幡宮にて篠首青年会の面々〈たつの市新宮町篠首・昭和 26 年・提供＝大西秀則氏〉

地理・交通

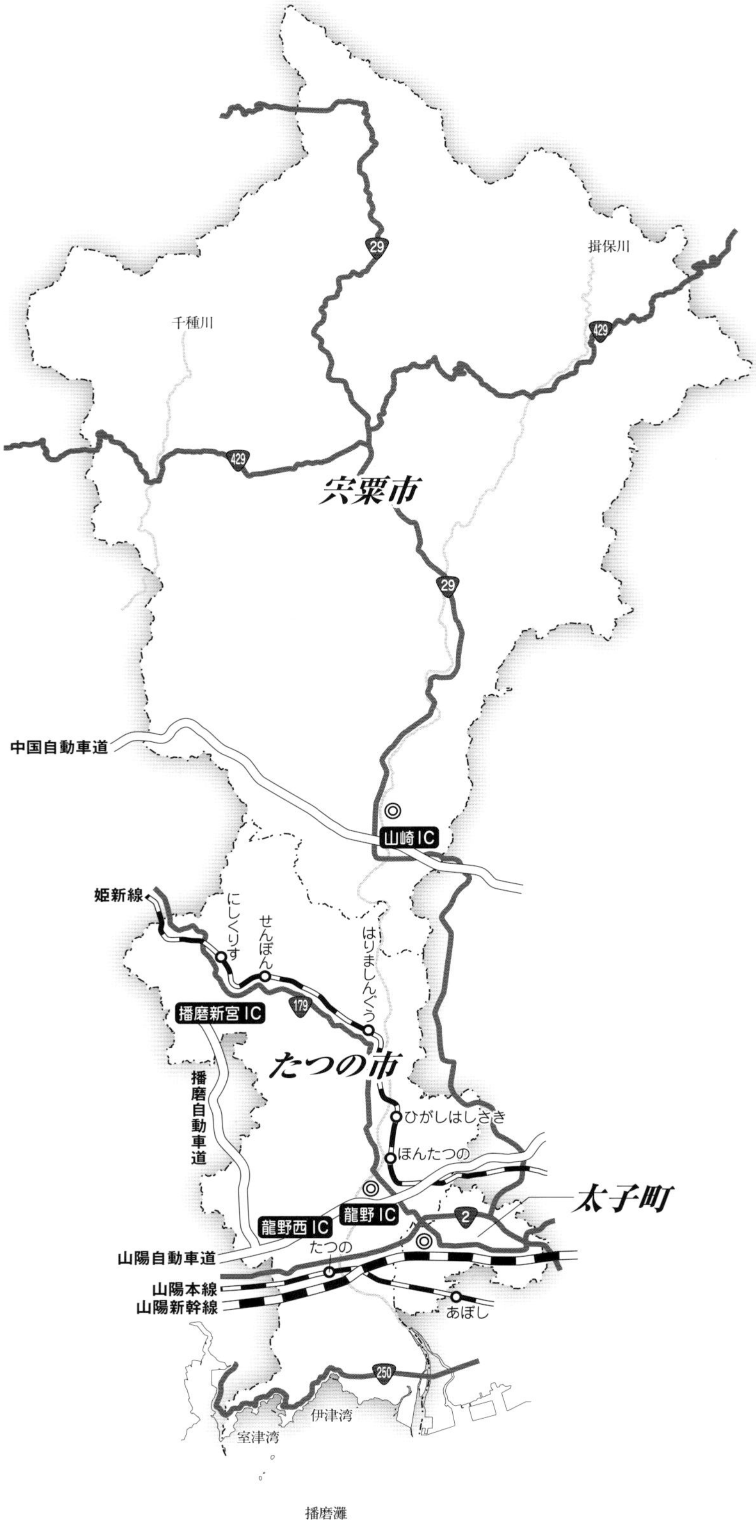

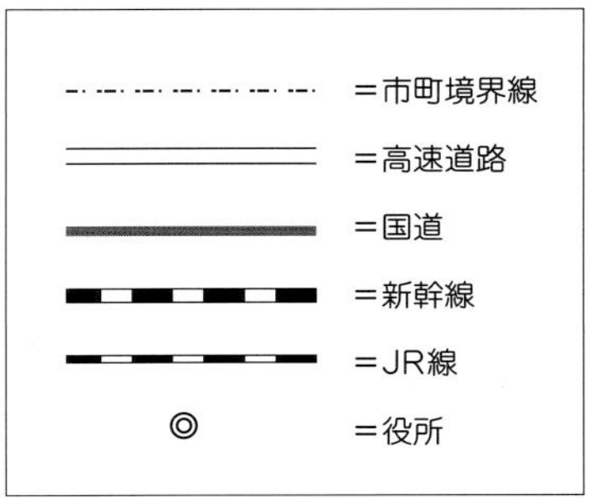

市町村合併

昭和 14 年 4 月時点の本書収録地域の市町村図である。
各市町村の合併詳細は 5 ページの年表を参照。

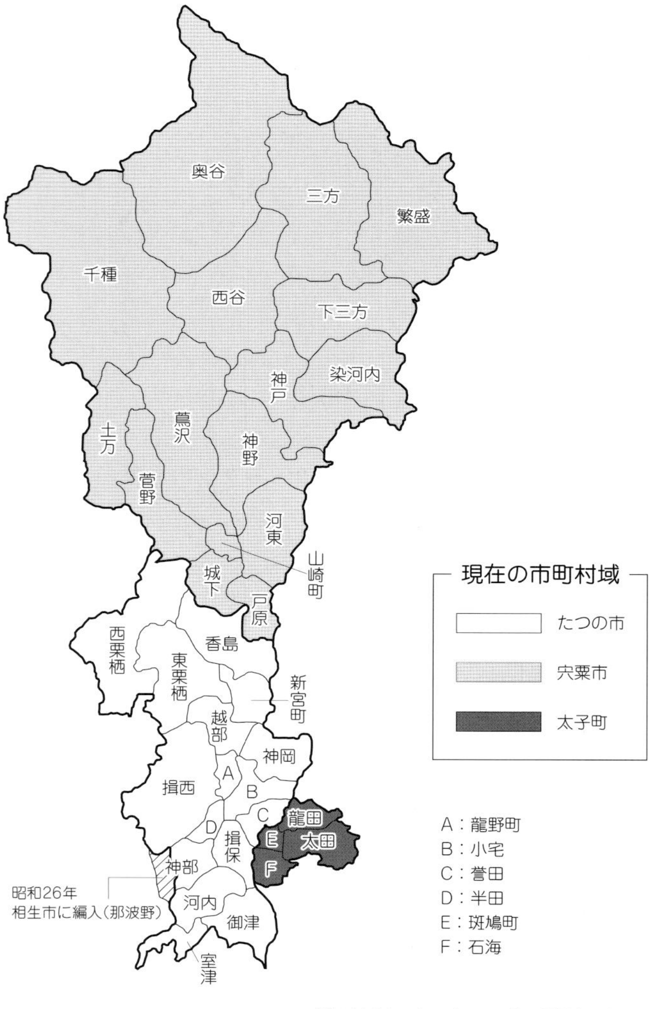

※「町」表記のないものは全て「村」である。

たつの市・宍粟市・太子町の昭和史

※学校開設、統廃合等については各章で掲載

年代	当該地域のできごと	周辺地域、全国のできごと
大正15年／昭和元年		大正天皇崩御、昭和と改元
昭和 2年(1927)		昭和金融恐慌発生
昭和 3年(1928)		普通選挙法による最初の衆議院議員選挙実施(男子のみ)
昭和 4年(1929)		世界恐慌発生
昭和 6年(1931)	斑鳩村が町制を施行／国鉄姫津線の余部～東觜崎間開通に伴い本竜野駅と東觜崎駅が開業	満州事変勃発
昭和 7年(1932)	国鉄姫津線の東觜崎～播磨新宮間開通に伴い播磨新宮駅が開業	五・一五事件
昭和 8年(1933)		日本が国際連盟を脱退
昭和 9年(1934)	瀬戸内海国立公園が他2園とともに日本初の国立公園として指定される／国鉄姫津線の播磨新宮～三日月間開通に伴い千本駅及び西栗栖駅が開業／新宮村が町制を施行／播電鉄道線が全線廃線	室戸台風襲来
昭和10年(1935)	斑鳩寺で大開帳	
昭和11年(1936)	国鉄姫津線が全線開通／国鉄姫津線が姫新線と改称される	二・二六事件
昭和12年(1937)		盧溝橋事件発生、日中戦争に突入／防空法施行
昭和13年(1938)		国家総動員法施行
昭和14年(1939)	西栗栖村が菅野村の一部を編入	警防団設置
昭和15年(1940)		全国で紀元二千六百年記念祝賀行事を開催／大政翼賛会発足
昭和16年(1941)		太平洋戦争開戦／尋常小学校が国民学校と改称
昭和17年(1942)		三大婦人会が統合され大日本婦人会発足／ミッドウェー海戦
昭和18年(1943)	神姫自動車と3社が戦時統合され神姫合同自動車となる	
昭和19年(1944)		学童疎開開始／学徒勤労令、女子挺身勤労令公布
昭和20年(1945)		全国で空襲激化／太平洋戦争終結／治安維持法廃止
昭和21年(1946)		京阪神を中心とした近畿地区で第1回国民体育大会開催
昭和22年(1947)	御津村が町制を施行	新学制実施／日本国憲法施行／警防団が消防団に改組される
昭和23年(1948)	龍野町、小宅村が合併し新たに龍野町が発足	
昭和24年(1949)		下山事件、三鷹事件、松川事件発生
昭和25年(1950)	兵庫県が9月15日を「としよりの日」とする	朝鮮戦争勃発、特需による経済復興／警察予備隊設置
昭和26年(1951)	龍野町、揖西村、揖保村、誉田村、神岡村が合併し龍野市が発足／新宮町、西栗栖村、東栗栖村、香島村、越部村が合併し新たに新宮町が発足／半田村、神部村、河内村が合併し揖保川町が発足／揖保川町の那波野が相生市に編入／御津町、室津村が合併し新たに御津町が発足／斑鳩町、石海村、太田村が合併して太子町が発足	サンフランシスコ平和条約、日米安全保障条約調印
昭和27年(1952)		警察予備隊が保安隊に改組
昭和28年(1953)		NHKテレビ放送が開始
昭和29年(1954)	山崎町と菅野村が合併し山崎町が発足	保安隊が自衛隊に改組／神武景気の始まり
昭和30年(1955)	太子町が龍田村を編入／山崎町、城下村、戸原村、河東村、神野村、蔦沢村、土万村が合併し新たに山崎町が発足	
昭和31年(1956)	神戸村、染河内村、下三方村が合併し一宮町が発足／一宮町、三方村、繁盛村が合併し新たに一宮町が発足／第11回国民国民体育大会の夏季・秋季大会を兵庫県で開催	経済白書に「もはや戦後ではない」と記載
昭和32年(1957)	西谷村、奥谷村が合併して波賀町が発足	
昭和33年(1958)	引原ダム完成	岩戸景気の始まり／東京タワー完成
昭和34年(1959)	山陽本線の姫路～上郡間が電化	皇太子ご成婚／伊勢湾台風襲来
昭和35年(1960)	千種村が町制を施行	
昭和36年(1961)		第二室戸台風襲来
昭和39年(1964)		東海道新幹線開業／東京オリンピック開催
昭和40年(1965)		名神高速道路が全線開通
昭和42年(1967)	龍野市消防本部が発足	
昭和43年(1968)	明石電車区網干派出所(現網干総合車両所)が開設／波賀森林鉄道全線廃止	
昭和44年(1969)		東名高速道路が全線開通
昭和45年(1970)		大阪で日本万国博覧会開催
昭和47年(1972)	山陽新幹線の新大阪～岡山間が開通	札幌冬季オリンピック開催／沖縄が本土復帰
昭和48年(1973)		第一次石油ショック／関門橋開通
昭和49年(1974)	太子山公園内に聖徳太子立像完成	
昭和50年(1975)	中国自動車道の兵庫県内全線開通に伴い山崎ICが開業／国道2号の姫路バイパス開通／組合立宍粟郡民病院開設	ベトナム戦争終結／山陽新幹線が全線開通
昭和51年(1976)	台風第17号による大水害発生	
昭和53年(1978)	宍粟広域消防事務組合が発足	新東京国際空港(成田空港)開港
昭和54年(1979)		第二次石油ショック／東京サミット開催
昭和56年(1981)	揖南消防事務組合が発足	
昭和57年(1982)	山陽自動車道の竜野西(現龍野西)～備前IC間開通に伴い竜野西ICが開業	
昭和59年(1984)		日本人の平均寿命が世界一になる
昭和60年(1985)	国道2号の太子竜野バイパス開通	日本電信電話公社、日本専売公社が民営化／大鳴門橋完成
昭和62年(1987)	揖龍地区農業共済事務組合が発足	国鉄民営化／この頃からバブル景気へ突入
昭和63年(1988)		青函トンネル、瀬戸大橋が開通／舞鶴自動車道が兵庫県内全線開通／第3回国民文化祭ひょうご88開催
昭和64年／平成元年		昭和天皇崩御、平成と改元／県民文化普及事業「ふれあいの祭典」初開催

監修・執筆者一覧

（敬称略・五十音順）

■監修

盛田《もりた》賢孝《よしたか》（夜比良神社宮司・元たつの市教育委員会教育次長）

■執筆

大谷《おおたに》司郎《しろう》（山崎郷土研究会会長）
柏山《かしやま》泰訓《やすのり》（「嶋屋」友の会事務局長）
志水《しみず》出吉《いずよ》（安富町史編集執筆委員）
田村《たむら》三千夫《みちお》（太子町立歴史資料館館長）
田路《とうじ》正幸《まさゆき》（宍粟市教育委員会社会教育文化財課課長）
室井《むろい》美千博《みちひろ》（三木清研究会事務局長）

▲河内小学校の百葉箱と6年生〈たつの市揖保川町金剛山・昭和30年・提供＝吉田斉氏〉

凡例

一、本書は、兵庫県たつの市、宍粟市、揖保郡太子町の、主に昭和時代の写真を、年代順またはテーマごとに分類して収録したものである。

二、本書に掲載した写真解説文には、原則として、末尾〈　〉内に撮影地点の現在の市町名、写真撮影年代、提供者・撮影者名を付記した。例外として、撮影地点が広範囲にわたる場合、撮影地や撮影年代が不確かな場合の地名及び年代表記は省略した。また、現在地表記は、平成二十九年二月現在のものとした。

三、解説文中の名称や地名は、写真撮影当時一般的だった呼称を使用した。現在使用されていない名称や地名には、適宜（　）内に現在の呼称を表記した。

四、用字用語については、原則として一般的な表記に統一したが、執筆者の見解によるものもある。

五、本書中の人名は原則として敬称略とした。

1 昭和の幕開き

昭和の日本は、金融恐慌で幕を開けた。大正十二年の関東大震災で打撃を受けた経済状況で、昭和二年に取り付け騒ぎが起き、銀行の休業が続出する。そうして、第一次世界大戦で急成長し、財閥にまで成長していた鈴木商店が破綻するなどの事態も生じた。さらには昭和四年十月にアメリカではじまった恐慌が波及し、日本経済は金解禁による不況も重なって深刻な恐慌状態に陥った。昭和五、六年の米価の下落に伴う農村部の窮乏は、この地域でも不況対策のための西播四郡農会懇談会を開かせ、村税減免要求などの動きとして現れている。

大正十四年に成立した普通選挙法に基づいて行われた、昭和三年の第一回普通選挙は、無産政党勢力の進出を許すこととなった。それに対して、政府は三・一五事件と呼ばれる共産党員の大検挙を行い、さらには普通選挙法と同じ第五十回帝国議会で成立した治安維持法を緊急勅令の形で改正、罰則を強化した。

当時の海外情勢を見れば、昭和二年から三年にかけて三度にわたり山東出兵が行われ、昭和三年六月には関東軍により中国の軍閥政治家・張作霖が奉天郊外で爆殺される事件が発生。さらに昭和六年九月の柳条湖事件を引き金に満州事変が起こり、昭和八年三月には日本が国際連盟を脱退。状況は加速度的に不穏な様相を帯びていく。加えて国内でも、昭和七年二月から三月に血盟団事件、五月には五・一五事件が起こり、十二月には大日本国防婦人会が結成されている。

一方この地域では当時、山崎町の郡是山崎工場が生産を拡大、手延素麺製造や龍野の醤油業界も活況を呈しており、醤油会社の招待客で鮎狩りや龍野芸者の座敷が賑わっていた。また、地域の歌の制作も行われ、「龍野小唄」が西条八十作詞・中山晋平作曲で昭和六年に、「山崎小唄」は野口雨情作詞・中山晋平作曲で昭和七年に作られた。それは彼らを招き、土地の魅力を伝えた上でのことであった。昭和十年には太子町斑鳩寺の大開帳が行われ、多くの人々が詰めかけた。

この地域に戦時色がより濃くなっていくのは、昭和十二年の日中戦争（日華事変）以後であろうか。

（室井美千博）

▲揖保川を渡る播電鉄道　かつて觜崎《はしさき》の渡しの北を走っていた播電鉄道。写真右側が西で、因幡街道の西觜崎宿があり、山裾には佐野の集落が見える。昭和９年に播電鉄道の営業が廃止された後には觜崎橋が架けられた。
〈たつの市新宮町觜崎・昭和５年頃・提供＝株式会社喜多村〉

▲正條《しょうじょう》橋を揖保川上流から望む　昭和9年に開通した正條橋を北西から撮影。橋の向こうに見える山陽本線付近に江戸時代、山陽道の「正條の渡し」があった。正條橋は明治・大正期に多く造られたアーチ橋のひとつであるが水害の危険性が問われ、高度経済成長期の国道2号拡張工事の際に揖保川大橋に架け替えられ、役目を終えた。〈たつの市揖保川町正條・昭和11年・提供＝二井上邦彦氏〉

◀龍野公園の花見　大阪で財をなした龍野出身の平井文之助が、大正10年に私財を投じ桜道をつくったことに始まり、今もこの公園は名所として名高い。写真は龍野神社参道石段、花見のスポットである。階段を上がれば龍野藩脇坂家の初代・脇坂安治を祀る龍野神社、茶室、聚遠亭へと続く。〈たつの市龍野町中霞城・昭和10年代・提供＝平田美世子氏〉

◀揖保川畔にて　揖保川の西岸。女性たちの後ろに龍野橋と龍野醬油株式会社（現ヒガシマル醬油株式会社）工場が見える。〈たつの市龍野町下川原・昭和 17 年・提供＝渡部清子氏〉

▶揖保川の旧景　河畔の巨大な松、蛇行する揖保川の流れ、その前方にはうっすらと片山が見える。揖保川の名は地域により異なっていた記録があり、龍野付近では立（龍）野川や大川と呼ばれたという。水量が多いので、高瀬舟や筏流しが盛んに利用されたこともうなずける。当時は松並木も見られた。〈たつの市揖保川町半田付近・昭和 12 年・提供＝東賢司氏〉

◀觜崎に架かる橋　現在の觜崎橋の南にあった。東西に揖保川で分断された觜崎だが、それぞれに交通の要所であった。〈たつの市新宮町・昭和 2 年頃・提供＝たつの市〉

▲新舞子黒崎海岸　船越と呼ばれていた黒崎海岸は白砂青松の浜で、県下の舞子浜より美しいと評判になり、新舞子と呼ばれるようになった。大正12年に「新舞子開園式」が行われ、保養地、観光地として歩み始めた。写真には網や魚籠《びく》などが見え、磯遊びを楽しんだようだ。〈たつの市御津町黒崎・昭和9年・提供＝梶浦文雄氏〉

▼宇原の渡し船　元和年間に山崎の出石から網干まで高瀬舟が通うようになった。安政年間には宇原で25艘があったという。高瀬舟は昭和の初めまでに姿を消すが、宇原の渡し船は昭和36年頃まで利用されていた。〈宍粟市山崎町宇原・昭和10年・提供＝ふるさと宍粟写真集第2集〉

◀山崎公会堂と最上稲荷山経王院　最上山の麓に建っていた山崎公会堂の外観である。その上には「最上さん」の名で今も親しまれている最上稲荷山経王院が見える。〈宍粟市山崎町元山崎・昭和8年・提供＝ふるさと宍粟写真集第2集〉

▶薬局の店先　守田寶丹、ロート目薬など、当時人気だった家庭薬の看板が目をひく。〈宍粟市山崎町山崎・昭和10年頃・提供＝あがた薬局〉

◀兵和銀行山田町支店の前で　同銀行は当時、山崎警察署の西隣にあった。写真の少年は当時13歳だったそうだが、国民服を着て、すっかり少国民である。〈宍粟市山崎町山崎・昭和16年頃・提供＝あがた薬局〉

◀三方橋周辺の旧景　三方町は一宮町北部の中心に位置する。但馬方面への要衝であり、木材や鉱物資源の集積地として江戸時代にはすでに町場が形成されていた。写真手前を左右に走るのは、揖保川沿いに集落の端を通る道路で、現在は国道429号となっている。〈宍粟市一宮町三方町・昭和15年・提供＝進藤光昭氏〉

▼雪化粧の三方地区　中央右奥には、かつて山頂に御形神社が鎮座していたといわれる高峰の山容が見える。〈宍粟市一宮町・昭和15年頃・提供＝進藤光昭氏〉

▶木造の三方橋　三方橋は何度か架け替えられている。写真の橋には欄干の親柱に「昭和十三年十月架」の文字が見える。新設の橋の欄干にまたがり、記念に一枚といったところか。〈宍粟市一宮町・昭和13年頃・提供＝進藤光昭氏〉

▲福田共同放牧場　江戸時代以来、農耕や荷物の運搬用に村で牛馬が飼育されていた。昭和13年には一宮町域で1,852頭の牛がいた。染河内村福田では、本谷の中山で共同放牧場を設けていた。〈宍粟市一宮町・昭和13年頃・提供＝宍粟市教育委員会〉

◀富山の薬売りの定宿「南屋」 富山の薬売りといえば、行商人の代表ともいえる存在であった。各地域に定宿を持ち、客の家々を訪ねては、置き薬の入れ替えを行っていた。かつては、幹道の要所にこうした宿があったものである。〈宍粟市一宮町三方町・昭和初期・提供＝進藤光昭氏〉

▲濁《にご》りすくい 大水の揖保川での光景。濁りすくいは大雨が降って川が増水した時に、急流を避けて浅瀬に逃げ込んだ魚を大きなタモですくいあげて捕る伝統的な漁法である。〈宍粟市一宮町三方町・昭和15年・提供＝進藤光昭氏〉

▶竜野劇場で琴の発表会　竜野劇場は昭和10年に火災で焼失した揖玉座《いぎょくざ》の跡地に建てられた。映画のほか芝居や歌劇も上演され、人気があった。同20年頃の映画の入場料は29銭、昆布茶が1杯10銭で売られていたという。琴を弾く女性の後ろには尺八奏者も見える。この時の演目は朧夜であった。〈たつの市龍野町旭町・昭和10年代か・提供＝大塚敏正氏〉

◀龍野武者行列　武者行列は、明治期には旧藩士のみで行われたが、大正期になると藩士以外も加わるようになったという。写真は祇園神社付近を行く古式ゆかしい戦前の武者行列のようすである。太鼓、ドラ、槍、豊臣秀吉から拝領したという貂《てん》の皮《かわ》に続き、馬に乗った神官らが行く。父親と共に行列に加わっているらしい子どもの姿も。家々の軒には桜の枝が飾られ、行列を迎えている。〈たつの市龍野町新町・昭和4年前後・提供＝鈴村弘盛堂〉

▶法螺貝を吹く武者　満開の桜の下、頭にハチマキ、鎧の背には御幣《ごへい》。まさに「花は桜木　人は武士」の光景である。当時の「武者」たちは自宅にあった鎧を着用して行列に加わったという。〈たつの市龍野町中霞城・昭和13年・提供＝鈴村弘盛堂〉

▲全国醤油醸造組合連合大会開催　昭和11年4月、龍野町で全国醤油醸造組合連合大会が開かれた。本竜野駅前に設けられた大々的な門が盛大さを物語る。整然と町家が並ぶ駅前通りの奥に見えるのは、現在、国民宿舎赤とんぼ荘が建っている白鷺山である。〈たつの市龍野町堂本・昭和11年・提供＝ヒガシマル醤油株式会社〉

▲樟津橋と淺井醤油事務所を東に望む　樟津橋は現在の龍野橋の少し南に架けられていた。対岸には送電用の鉄塔、その向こうに松並木と淺井醤油合名会社（現ヒガシマル醤油）の事務所や醤油蔵が見える。写真左手が上流で、並んだ杭は流木などから橋を守る仕組み。なお、龍野橋は昭和9年に完成している。〈たつの市龍野町下川原～富永・昭和初期・提供＝ヒガシマル醤油株式会社〉

▲◀▼龍野の鮎狩り　昭和初期から戦前までは、まさに黄金時代であった。地元の商工会、芸妓共同事務所、旅館・料理屋組合に醤油組合も加わって積極的な観光客誘致を行った。淺井醤油合名会社では列車を仕立て、京阪神の問屋などを鮎狩りに招待した。上写真は鮎狩り舟。中写真は揖保川の東岸から撮影した一枚。川岸に屋形船、河原に張られたテントには(東)の商標。奥(上流)に朝日橋が見え、西岸には龍野町の町並みが写る。下写真は鮎狩り列車の見送り風景。〈上・中：たつの市／下：たつの市龍野町中村・昭和９年頃・提供＝ヒガシマル醤油株式会社〉

▶龍野町役場　龍野町役場庁舎が、昭和10年に完成した。江戸時代には「町会所」が置かれ、町政が行われていた場所であった。庁舎は同26年の龍野市の誕生以降も、47年に現在の場所に移転するまで使われていた。現在は改築され中央公民館となっている。〈たつの市龍野町立町・昭和10年・提供＝平田美世子氏〉

◀光善寺境内にて　光善寺愛楽講の参会者たちの記念写真。当時の寺院は地域の集会所的な役割も果たしていた。〈たつの市龍野町本町・昭和15年頃・提供＝渡部清子氏〉

▶新聞少年　前田新聞舗の店先にて。ソフト帽に「大阪毎日新聞」「英文大阪毎日」の文字入り半纏を着た男性や、大人に混じって少年たちも。新聞を詰め込んだカバンを肩から下げ、足元が草履の者もいる。〈たつの市龍野町下川原・昭和10年代前半・提供＝平田美世子氏〉

▶馬上の少年武者　年端もいかない男の子が甲冑に身を固め、毅然と馬に跨がっている。この甲冑は、後年、龍野武者行列の際に行われるようになった「子ども武者」の手本になったという。武者行列は昭和18年に戦争のため中断したが、龍野市が誕生した同26年に市民の祭りとして復活している。〈たつの市龍野町下霞城・昭和17年頃・提供＝平田美世子氏〉

▼「龍野小唄」の作者たち　初音旅館で撮影された一枚。当代人気の詩人・西条八十と作曲家・中山晋平が昭和5年に来龍した。右から2人目が西条、左から2人目が中山、中央は当時の町議会議長である。この来訪で西条と中山は龍野の魅力を存分に味わい、翌年に名曲「龍野小唄」を完成させた。〈たつの市龍野町・昭和5年・提供＝平田美世子氏〉

◀**龍野町議会**　竣工直後の町役場での議会のようすか。議場は3階にあったという。当時の町政は町長と助役、収入役、書記ら10人及び、18人の町会議員で行っていた。中央の石炭ストーブが時代を感じさせる。〈たつの市龍野町立町・昭和10年頃・提供＝平田美世子氏〉

▲**仏教日曜学校**　明治10年代から浄土真宗本願寺派は、各地の寺院で子どもたちを対象にした「日曜学校・子ども会」を開くようになった。その後親鸞聖人650回大遠忌を迎えた頃に、龍谷大学の学生らによる日曜学校活動が盛んになった。こうしたことを受けて宗門は児童宗教教育の重要性を見据え、大正4年に御大典記念として「本派本願寺仏教日曜学校規定」を発布している。写真は光善寺に開校した龍野日曜学校での記念行事で撮影された。〈たつの市龍野町本町・昭和16年頃・提供＝渡部清子氏〉

▲新宮銀行の解散　写真右に「解散記念」の文字が見える。明治 30 年開業の出合銀行を前身に持つ新宮銀行。戦時体制下の大蔵省の政策である一県一行主義に基づき、昭和 16 年に西播地区の他 7 銀行と合併し、兵和銀行が新たに設立された。〈たつの市新宮町新宮・昭和 16 年・提供＝大西秀則氏〉

▲新宮八幡神社　平安時代初期（貞観年間）の創建。当時は、揖保川東岸の山頂に鎮座し、山は宮山と称されるようになった。南の網干沖が望めるほど眺めがよく「沖見八幡」とも呼ばれた。江戸時代初期（寛永年間）になって、当時の新宮藩主・池田重政が現在地に遷座した。記念写真に写る人々の背後にある灯籠は、のちに移設された。〈たつの市新宮町新宮・昭和 10 年代・提供＝冨田耕三氏〉

▲相撲大会　娯楽の少なかった時代、空き地があれば大会が開催できるとあって、相撲は大人気だった。昭和11年には尋常小学校の正課授業にも採用された。写真は子どもたちが参加した相撲大会のひとコマ。場所は新舞子の海岸か。〈たつの市御津町・昭和14年頃・提供＝太子町立歴史資料館、石海小学校蔵〉

▶稚児行列の記念写真　日蓮宗の寺院である妙勝寺でのひとコマ。日蓮聖人650年遠忌報恩記念の稚児行列が行われた際の記念撮影であると思われる。〈宍粟市山崎町上寺・昭和初期・提供＝あがた薬局〉

◀自転車で荷物を運ぶ　山田町の商店街。少年が自転車で荷物を運んでいる。後ろの缶に入っているのは牛乳だろうか。〈宍粟市山崎町山崎・昭和10年前半・提供＝あがた薬局〉

▶正月の晴れ着姿で　正月に総道神社で記念撮影する女性たち。総道神社は、古くに京都から迎えた祭神を市街地の守護神として祀っている。〈宍粟市山崎町山崎・昭和17年・提供＝あがた薬局〉

▶家での婚礼　現在の婚礼はホテルや式場で行われることが多いが、当時は婚家で行うのがまだ一般的だった。花嫁衣装は裾模様の入った紋付の着物、文金高島田に角隠しという様式が多く見られた。〈宍粟市山崎町門前・昭和 12 年頃・提供＝清水佳美氏〉

◀シボレーのトラック　神戸尋常高等小学校前に停められたシボレーのトラック。宍粟地域では大正末期頃からトラックが走り出したという。〈宍粟市一宮町東市場・昭和 10 年前半・提供＝中村巖氏〉

▶木材運搬車　若い男性たちと一緒に写るのは、三方村の製材所のトラック。三方村は昭和 31 年に一宮町となったが、この地域は平成の現在でも 9 割以上が山林である。古くから林業が基幹産業として重要な位置を占め、かつては多くの製材所があった。その木材輸送は江戸時代以降、筏流しによって行われていたが、昭和 10 年頃からトラックが主流となった。〈宍粟市一宮町三方町・昭和 15 年・提供＝進藤光昭氏〉

◀御武神社　木花咲耶姫《このはなさくやひめ》神を祭神とする西深の産土社で、安産の神ともいわれる。秋祭りには、獅子舞が奉納される。境内に吹き流しと弓矢を番えた櫓台が見えるので、写真は社殿の上棟式の際のものであろうか。〈宍粟市一宮町西深・昭和初期・提供＝米澤充氏〉

▶伊和神社の大祭　伊和神社は大己貴神を祭神とし、播磨国一宮として古くから信仰を集めてきた。毎年10月16日に行われる秋季大祭は、勇壮な屋台の練り合わせが行われることでも有名である。写真は境内。当時の屋台を背景に記念撮影。〈宍粟市一宮町伊和・昭和17年頃・提供＝中村巖氏〉

◀三方消防団　明治27年2月の消防組規則公布により、全国的に組織統一され、消防組が以降、各地に誕生した。三方消防組は、大正2年12月26日に設置されている。三方小学校にて撮影。〈宍粟市一宮町三方町・昭和初期・提供＝進藤光昭氏〉

▲警防団結成式　昭和14年に警防団令が公布され、軍の統制下にあった防護団を、警察の管轄であった消防組と統合、警防団が発足した。石海村では、石海尋常高等小学校で結成式が執り行われた。〈揖保郡太子町福地・昭和14年・提供＝太子町立歴史資料館、石海小学校蔵〉

◀建武中興神旗奉納継走大会　建武中興を果たした後醍醐天皇の六百年祭にあたり、全国東西14の所縁ある神社から吉野神宮へ、往時を再現するかのごとく神旗が奉納された。神旗はそれぞれ、青年たちがリレーで運んだ。写真は山田中継所。〈揖保郡太子町山田・昭和14年・提供＝太子町立歴史資料館、太田小学校蔵〉

◀神饌田で御田植え 白い鉢巻きをしめた男性らの前に早乙女が並ぶ。左端の女性の襷《たすき》には大日本国防婦人会の文字。写真右の祭壇には、神饌を供えた三方が置かれている。〈揖保郡太子町・昭和14年頃・提供＝太子町立歴史資料館、石海小学校蔵〉

▲釜池の改修 村の農業用ため池である釜池の改修工事は、鍬、鍬、もっこ、ふごを使って、まったくの人力で行われた。ここには昭和29年に網干化工工場河内分工場（現ダイセル播磨工場）が建設されることとなる。写真に見える民家も移転した。〈たつの市揖保川町馬場・昭和10年頃・提供＝吉田斉氏〉

▲ケイロー（鶏籠）オーケストラ　昭和初期、龍野町にバイオリンを中心としたオーケストラが結成され、市内のほか網干、山崎などへも出向いた。メンバーの中に明治期に龍野町で風琴ヴァイオリン（オルガン）をつくっていた東洋楽器製造株式会社に参画していた大工がいることは興味深い。戦後ダンスホールとしても使われた旧龍野醤油協同組合のハイカラなレンガ造りの洋館が主な演奏会場であった。〈たつの市龍野町上霞城・提供＝梶浦文雄氏〉

▲野球チーム・龍星　龍野町は野球の盛んな地域で、当時からチームも多かったという。「龍星（RYUSE）」もそのひとつであった。「草野球」としての軟式野球が普及する以前と思われ、ボールから硬式野球をしていたことがわかる。昭和25年には軟式の龍野野球協会が設立されている。後ろに見えるのは、かつてあった山田産婦人科の建物である。〈たつの市龍野町富永・昭和初期・提供＝梶浦文雄氏〉

◀役になりきって　河内村元誓寺で行われた素人芝居の出演者。本格的な衣装を身に着け化粧を施すと、地元の若者も立派な俳優に早変わり。〈たつの市揖保川町馬場・昭和10年代・提供＝吉田斉氏〉

▲県道から見た立岡山　県道27号太子御津線の現立岡交差点付近。立岡山を北西方向に見る。山稜にはアカマツ、麓は立岡地区で、写真右寄りに正覚寺本堂の屋根と火の見櫓《やぐら》が見える。〈揖保郡太子町立岡・昭和14年頃・提供＝太子町立歴史資料館、石海小学校蔵〉

▲山陽本線踏切から北を見る　正面に立岡山。その前に並ぶ建物群の中央、急勾配の屋根は、昭和7年5月に落成した石海尋常小学校の校舎のもの。校舎左の寄棟屋根を冠した洋風の建物は、同6年築の石海産業組合。山陽本線は私鉄の山陽鉄道として始まり、明治22年11月に龍野仮停車場まで開通している。〈揖保郡太子町福地・昭和14年頃・提供＝太子町立歴史資料館、石海小学校蔵〉

◀旧山崎警察署　大正12年に新築されている。現在の西兵庫信用金庫北口がこの建物のほぼ正面に当たる。〈宍粟市山崎町山崎・昭和3年・提供＝山崎歴史郷土館〉

▲朝日堂菓子店　昭和10年に新装開店をした際の記念写真。朝日堂は明治13年に創業し饅頭や飴を扱っていた。辻に面した店舗で、モダンな建物である。〈宍粟市山崎町山崎・昭和10年・提供＝山崎歴史郷土館〉

▲播電鉄道本社前　「ばんでん」の名で親しまれていた播電鉄道の本社前のようす。本社は昭和４年に広島市から斑鳩村鵤《いかるが》に移された。左側は車庫である。〈揖保郡太子町鵤・昭和初期・提供＝太子町立歴史資料館、田中眞吾氏蔵〉

▲播電鵤駅　鵤駅のホーム。現在の福本歯科の西方付近にあった。〈揖保郡太子町鵤・昭和初期・提供＝太子町立歴史資料館、斑鳩寺蔵〉

▲太子山遊園地の納涼園①　人々が詰めかける太子山遊園地・納涼園の入場門のようす。同園は明治後期に龍野電気鉄道（のちの播電鉄道）により開設され、昭和初期まで営業していた。跡地は太子山公園になっている。〈揖保郡太子町鵤・提供＝太子町立歴史資料館、尾野高一氏蔵〉

▶太子山遊園地の納涼園②
賑わう園内のようす。電動回転遊具のまわりにも人だかりができている。〈揖保郡太子町鵤・昭和初期・提供＝太子町立歴史資料館、尾野高一氏蔵〉

2 戦前・戦中の教育

戦前・戦中の教育について、宍粟郡安師村《あなし》（現姫路市安富町の一部）の小学校に通い、当時の県立龍野工業学校へ進学した筆者自身の体験を基にいくつか書き綴ってみたい。

昭和初期の小学生の多くは着物姿で通学し、足下は藁草履で、ゴム靴を履くのは雨の日だけだった。同十年頃から学生服の着用が増えたが、提げ鞄がランドセルに代わったのもその頃だったろうか。昭和八年から、教科書がそれまでの「ハナ ハト マメ マス」のハナ・ハト読本から「サイタ サイタ サクラ ガ サイタ」のサクラ読本に代わり、色刷りになった。

校庭には奉安殿があり、その中には御真影《ごしんえい》（天皇・皇后の肖像写真）と教育勅語が納められていた。四大節《しだいせつ》と呼ばれる祝日の四方節（元日）、紀元節（二月十一日）、天長節（四月二十九日）、明治節（十一月三日）には学校で式典があり、児童全員が登校して、それぞれ決まった祝日の唱歌を歌った。その際、必ず校長や村長の訓示と教育勅語の奉読があった。校庭には、楠木正成と二宮尊徳の銅像もあったが、のちの金属類回収令でコンクリート像に置き換えられた。

学校に県知事等の視察があると、学校まで続く何キロもの道の掃き掃除が行われた。普段の掃除でも、ガラス窓は週一回必ずピカピカに磨かれた。

戦争が始まると、戦地に赴いた兵隊に送る絵や慰問文を書いた。誰に届くのかは分からないので、書き出しは決まって「兵隊さんお元気ですか、僕も元気で……」であった。そして、高学年を中心に勤労奉仕で出征兵士の家へ出向き、田畑の稲株おこしなどを手伝った。出征した村人が不運にも戦死すると、小学生も参列して校庭で村葬が挙行された。

中等学校に進学した生徒は、巻脚絆（ゲートル）を着用し、上級生や先生には敬礼（挙手の礼）を行うようになった。当時、中等教育以上の学校には現役将校が配属されており、その指導のもと軍事教練が行われた。また、女学校では竹槍訓練が始まった。授業はほとんどなく、やがて生徒たちは学徒勤労動員で軍需工場や醤油工場へ送られた。勤労動員中に空襲の犠牲となる生徒も出て、都市部から疎開してきた生徒の転入も増えた。勤労動員は通いだったので、主に遠隔地からの通学生など一部の生徒は帰宅せず学校に残り、数名ずつ泊まり込みで備えていた。

昭和二十年頃、学校に兵隊（今思えば姫路の部隊であろう）が疎開により移駐してきたが、銃などの武器をほとんど持っていなかったことに驚いた。同年六月、七月に姫路空襲があったが、兵士たちは焼け跡から不発弾を回収、解体し銃剣の鞘を造っていた。私も材料をもらい、十能を造ったことを憶えている。

戦後、疎開の生徒らが地元へ帰ると、入れ替わりに、予科練生や志願兵として出征していた生徒が戻ってきた。物資欠乏のなか、占領軍放出の三針時計、ズボン、ジャンパー、また日本軍の水兵帽子などが出回った。戦中とは百八十度変わって英語が氾濫、ラジオ番組のテーマ曲「カム・カム・エブリボディ」が人気を博した。

（志水出吉）

◀**兵庫県立龍野工業学校残留組修了式**　写真は学校警備のため残留していた1、2年生の修了記念と思われる。当時は軍国主義的教育が施され、服装は国民服にゲートル巻きで履物は地下足袋。下級生は、教師や上級生に挙手の礼をしていた。前列の生徒の座り方は軍隊式の「折敷《おりしき》」というものである。撮影時は学徒動員中で、室内での勉強はなく、野良仕事がほとんどだった。残留組もやがて「カネヰ醤油工場」へ学徒動員に出た。〈たつの市龍野町北龍野・昭和20年・提供＝志水出吉氏〉

▲**龍野尋常高等小学校**　明治6年創立の長い歴史を誇る小学校である。三木露風は同校の出身で、大正12年に三木露風作詞、山田耕筰作曲の校歌がつくられている。当時は町立の商業補修学校を併設していた。昭和初期の女子児童の服装は和服が多かった。〈たつの市龍野町上霞城・昭和初期・提供＝渡部清子氏〉

▲**御津尋常高等小学校の落成式**　明治初期の校名は開明小学校であったが、明治33年に御津尋常高等小学校と改称した。大正14年に釜屋地区に移転が決定し、昭和2年に立派な新校舎が完成した。写真の右側には鳥居をかたどったアーチがつくられ、日の丸が掲げられている。バルコニーには来賓の姿が見える。〈たつの市御津町釜屋・昭和2年・提供＝たつの市〉

▲山崎尋常高等小学校　4年生の集合写真である。同校は明治9年に小規模学校5校を合併し、篠陽小学校として創立。同33年に山崎尋常小学校、36年に山崎尋常高等小学校と改称された。〈宍粟市山崎町鹿沢・昭和10年・提供＝あがた薬局〉

▶三方尋常高等小学校高等科卒業式　明徳簡易小学校として発足し、明治24年明徳尋常小学校となり、同36年に三方尋常高等小学校に改称された。教室は、校舎の左右で初等科と高等科に分かれていた。〈宍粟市一宮町三方町・昭和15年・提供＝進藤光昭氏〉

◀**三方尋常高等小学校の奉安殿**　奉安殿は御真影（天皇・皇后の肖像写真）や教育勅語が納められていた建物で、当時は各学校に建てられていた。奉安殿の前を通る時には、最敬礼を行うよう定められていた。〈宍粟市一宮町三方町・昭和15年・提供＝進藤光昭氏〉

▲**染河内尋常高等小学校卒業式**　明治20年に三省簡易小学校として発足し、同24年に染河内尋常小学校と改称され、同36年、高等小学校を併置して染河内尋常高等小学校となった。写真左奥には、尋常小学校を卒業したあと勤労する青少年を対象に社会教育を行った青年学校の表札が見える。同校に併設されていた。〈宍粟市一宮町能倉・昭和11年・提供＝進藤光昭氏〉

▲西谷尋常高等小学校の皇紀二千六百年記念　同校は明治7年に創立し、大正7年に西谷尋常小学校に改称した。この写真が撮影された昭和15年は、神武天皇が即位したとされる年を紀元として2600年目にあたり、全国各地でさまざまな奉祝行事が行われた。昭和31年西谷村が奥谷村と合併して波賀町になったため、校名も波賀小学校に改称された。〈宍粟市波賀町安賀・昭和15年・提供＝米澤充氏〉

▶少年消防隊結成　昭和に入ると各地で消防体制の強化が図られた。子どもたちの防火意識を高めるため、西谷尋常高等小学校で少年消防隊が結成された。〈宍粟市波賀町安賀・昭和9年・提供＝山崎歴史郷土館〉

◀斑鳩尋常高等小学校卒業生　初等科の卒業記念写真。斑鳩小学校は、明治の初めに創立し、平成26年度には創立140周年を迎えた歴史ある学校である。同校は斑鳩寺に隣接して設置されていて、この卒業記念写真も斑鳩寺で撮影された。〈揖保郡太子町鵤・昭和2年・提供＝太子町立歴史資料館、斑鳩小学校蔵〉

▶太田尋常高等小学校　高等科女子児童の卒業記念写真。セーラー服姿の児童が多い。太田尋常小学校は、明治32年に丹生と黒岡の両尋常小学校が統合されて発足した。〈揖保郡太子町東出・昭和12年頃・提供＝太子町立歴史資料館、太田小学校蔵〉

◀龍田尋常高等小学校　高等科の卒業生たちが記念に撮影した一枚。同校は明治8年に進徳小学校として創立、同24年に佐用岡に移転し、45年に龍田尋常高等小学校に改称されている。〈揖保郡太子町佐用岡・昭和10年・提供＝太子町立歴史資料館、龍田小学校蔵〉

◀石海尋常高等小学校の卒業記念　明治8年に創立した同校は、同20年に石海尋常小学校と改称し、45年に高等科が設置された。男性教職員を除いて、ほとんどが和装である。〈揖保郡太子町福地・昭和7年・提供＝太子町立歴史資料館、石海小学校蔵〉

▲興亜行進曲にのって演舞　石海尋常高等小学校で行われた運動会でのひとコマ。両手に日の丸の旗を持ち、踊りを披露している。使用曲は昭和15年に発表された軍歌・興亜行進曲だったと伝わる。足下は運動靴ではなく草履のようだ。〈揖保郡太子町福地・昭和15年頃・提供＝太子町立歴史資料館、石海小学校蔵〉

▶龍野国民学校の運動会　昭和16年、国民学校令が施行され、小学校は国民学校に変わった。写真右の建物は同校の講堂、左の校舎は当時新館と呼ばれていた。背後の山は龍野のシンボルである鶏籠山《けいろうざん》。同校地には江戸時代に藩校の敬楽館《けいごうかん》があった。〈たつの市龍野町上霞城・昭和17年頃・提供＝平田美世子氏〉

◀揖西国民学校　初等科の卒業写真と思われる。男子の中には国民服姿の児童もいる。同校の創始は明治に遡り、戦後は学制改革を受けて揖西東小学校となった。前列中央は当時の揖西村村長で詩人の内海信之である。〈たつの市揖西町清水新・昭和19年・提供＝楠由紀子氏〉

▶新宮国民学校　創始は明治で、当初は下野村に開校。校地の移転を経て、明治25年に新宮尋常小学校になった。同30年に高等科が設置され、昭和16年に国民学校令により新宮国民学校となった。戦況厳しき折、女子児童の服装はバラバラだが、おかっぱ頭だけが共通だ。〈たつの市新宮町新宮・昭和18年・提供＝冨田耕三氏〉

▶山崎国民学校　校舎前で撮影された初等科３年生の集合写真。〈宍粟市山崎町鹿沢・昭和18年頃・提供＝あがた薬局〉

◀授業風景　山崎国民学校初等科の教室内のようすである。襟足をきれいに刈り上げたおかっぱ頭の女子児童が多い。〈宍粟市山崎町鹿沢・昭和18年頃・提供＝あがた薬局〉

▶山崎国民学校の閲童式　児童たちが整列している前を歩いて回っているのは、校長や来賓と思われる。当時、児童たちにも軍事教練がなされていたことがうかがえる。〈宍粟市山崎町鹿沢・昭和19年頃・提供＝山崎歴史郷土館〉

◀千種国民学校　右の建物が北校舎、左側校舎の正面が職員室で、その奥に講堂があった。〈宍粟市千種町・昭和17年頃・提供＝ふるさと宍粟写真集第2集〉

▲石海国民学校卒業記念　初等科の卒業記念写真。ほとんどの女子児童がセーラー服にもんぺ姿で時代を感じさせる。明治8年に開校した同校は、同20年に石海尋常小学校となり、45年に高等科が設置された。昭和16年には国民学校令により、石海国民学校と改称された。〈揖保郡太子町福地・昭和19年・提供＝太子町立歴史資料館、石海小学校蔵〉

▲太田国民学校の授業風景　算数の授業だろうか、おかっぱ頭の女子児童たちが、先生の説明を集中して聞いているようだ。最後尾の女子児童が椅子の背もたれの下部分をつかんでいるのは、姿勢を正す指導がなされていたためである。〈揖保郡太子町東出・昭和17年・提供＝太子町立歴史資料館、太田小学校蔵〉

◀斑鳩国民学校高等科卒業記念　太平洋戦争も末期にさしかかり、大半の男子児童が国民服を着て足にはゲートルを巻いている。在郷軍人の姿も見える。〈揖保郡太子町鵤・昭和20年・提供＝太子町立歴史資料館、斑鳩小学校蔵〉

▲龍野高等女学校　明治39年、龍野町立技芸専修女学校として創立。以来、女子の中等教育を担った名門で、大正期に県立龍野高等女学校となる。写真は入学式後の記念撮影。女性教師たちの「紋付袴」にその矜持が感じられる。現龍野高校の前身のひとつ。〈たつの市龍野町上霞城・昭和19年・提供＝楠由紀子氏〉

▲龍田村農繁期託児所　農作業の忙しい期間に農家の子どもを預かる臨時の託児所が開設された。〈揖保郡太子町佐用岡・昭和7年・提供＝太子町立歴史資料館、龍田小学校蔵〉

◀松尾農繁期託児所　揖保郡のなかで最も早く開設された農繁期託児所のひとつだったという。婦人会が活動の一部として行っていたようだ。〈揖保郡太子町松尾・昭和８年・提供＝太子町立歴史資料館、龍田小学校蔵〉

▲山崎幼稚園の卒園式　山崎幼稚園の開園は古く、大正 11 年に現在地に新築移転している。この卒園児たちは大正 14 年生まれにあたる。〈宍粟市山崎町門前・昭和６年・提供＝あがた薬局〉

◀龍野幼稚園の龍野神社参拝　武漢陥落記念として園児たちが龍野神社で参拝を行った。神社の石段下に整然と並び、先頭の園児の手には日の丸や旭日旗を描いた流れ旗などが見える。〈たつの市龍野町中霞城・昭和13年・提供＝平田美世子氏〉

▶龍野幼稚園のひなまつり　女児の健やかな成長と幸せを祈る年中行事であるひなまつりの出し物までもが、軍国的な色合いを帯びている。〈たつの市龍野町上霞城・昭和13年頃・提供＝平田美世子氏〉

◀龍野幼稚園の運動会　運動場では男子の園児が剣術の試合をまねた演目を行っている。当時の世相を色濃く写した一枚。〈たつの市龍野町上霞城・昭和15年頃・提供＝梶浦文雄氏〉

◀香島国民学校の勤労奉仕
薪拾い作業のようす。薪は自動車などの燃料（ガス薪）に使われたと思われる。多くの成年男性が出征して労働力が不足したため、子どもたちが農作業などの勤労奉仕に駆り出されるようになった。〈たつの市新宮町香山・昭和18年頃・提供＝大西秀則氏〉

▶勤労奉仕　麦束を麦打ち台に打ちつけて、脱穀作業をしているようす。昭和13年、日中戦争による労働力不足を背景に、中等学校以上の生徒・学生に勤労奉仕が義務づけられた。この頃はまだ、夏休みなど長期休暇中に行われていた。〈揖保郡太子町福地・昭和15年頃・提供＝太子町立歴史資料館、石海小学校蔵〉

◀炭だつを運ぶ女子　国民学校高等科の女子生徒が勤労奉仕に駆り出され、炭だつ（炭俵）を運ぶ作業に従事した。一人二俵ずつ背負って山道を歩くのはさぞかし大変だったことだろう。〈宍粟市波賀町・昭和18年頃・提供＝山崎歴史郷土館〉

▶河呂《こうろ》地区での勤労奉仕　河呂地区の観音寺付近の暗渠排水工事には、佐用町の佐用農蚕学校（現佐用高校）の生徒たちが勤労奉仕として従事した。〈宍粟市千種町河呂・昭和19年・提供＝山崎歴史郷土館〉

◀斑鳩国民学校の報国農場　戦争が進むにつれて食糧が不足するようになると、全国各地の国民学校では食糧増産のために空き地や運動場を開墾し、作物を栽培するようになった。斑鳩国民学校では斑鳩寺門前に農場が作られた。〈揖保郡太子町鵤・昭和17年頃・提供＝太子町立歴史資料館、斑鳩小学校蔵〉

▶河東農業公民学校での教練実演　大正15年、河東尋常高等小学校に設置された河東村青年訓練所は、昭和2年に農業公民学校と改称された。農業実習と合わせて軍事教練が行われていた。〈宍粟市山崎町神谷・昭和3年・提供＝山崎歴史郷土館〉

フォトコラム

戦時下の日々

昭和六年、満州事変が起こる。同十二年に日中戦争に拡大した「十五年戦争」の始まりであり、大東亜戦争（太平洋戦争）にまで繋がる戦争時代の幕開きであった。

昭和十五年九月、内務省通達により、地域の末端組織として隣保班が編成され、消火訓練や山畑開墾などが行われるようになっていった。「贅沢は敵だ」や「パーマネントはやめましょう」といった戦時標語が現れ、紀元二千六百年奉祝の旗行列は国民の皇国精神を昂揚させた。翌十六年には金属類回収令が公布され、寺の釣鐘や、家庭では仏具から金火鉢まで供出した。また、ガソリンの使用が規制され、のちに木炭車やガス薪車が走るようになった。

昭和十六年十二月八日、太平洋戦争が始まる。緒戦はすこぶる有利であり、国民は勝利を信じた。しかし「敵の一機たりとも国土に潜入せしめざる」という軍部の言に反して翌十七年四月、十六機の爆撃機が東京などを初空襲した。大本営は予想していたというが、それより一年も早かったのは想定外だった。以降、戦況は悪化し、銃後も緊張を高めていった。慰問袋や千人針の胴巻きを作って戦地へ送り、神社ではお百度参りをし、戦勝祈願を行った。巷には敵性語排除の空気も広がった。山間部では報国薪を作り、町へ送った。国民学校では児童らが、カラムシ、クワ、コウゾなど繊維となる植物の採集をした。ヒガンバナの根を集めて風船爆弾の糊に使ったとも聞く。また、ハエジャコ、ドジョウ、イナゴ、スズメなどは、捕えてタンパク源とした。

昭和十九年には学童集団疎開が開始され、大人の縁故疎開も増えていく。中等学校は学徒動員で空になり、生徒のいなくなった学校に軍隊が駐留したこともあった。「代用マッチ」「代用食」「代用タバコ」などが登場し、航空機燃料は、松根油を代わりにしようとした。あちこちに防空壕が掘られ、女子の竹槍訓練も始まった。二月に「竹槍では間に合わぬ」と書いた毎日新聞が差し押さえられるなど、言論統制も急激に厳しさを増す。

昭和二十年六、七月に姫路空襲があり、B29が西播の上空を通過した。本地域は空襲こそなかったが、頻繁に発令される空襲警報が人々を恐れさせた。配給制となっていた米は、当初一人一日二合三勺だったが、この年七月には二合一勺となり、また高粱《コーリャン》などの満州産雑穀といった混ぜ物の割合が増えていった。

（志水出吉）

◀**網船大改造**　網船を改造したときの記念写真。艫《とも》にある見送り台（船の総指揮者が乗る）が網船の特徴である。戦時中らしく舳《へさき》の化粧版は「日の丸」で、船大工は戦闘帽をかぶっている。〈たつの市御津町室津・昭和17年・撮影＝吉村廣夫氏〉

▶出征兵士と家族　男性は満20歳になると徴兵検査を受け、甲種、乙種、丙種などに分けられた。合格者にはやがて役場の職員により召集令状が届けられ、数日後入営となった。この写真は乾板写真であるが、この時ばかりは家族で写真を撮ったという。〈宍粟市一宮町伊和・昭和17年・提供＝中村巖氏〉

◀出征前に　戦地に旅立つ前に撮影した家族写真。前列右から3人目の男性は海軍へ入った。〈たつの市新宮町篠首・昭和17年頃・提供＝大西秀則氏〉

▶予科練入隊者の激励会　龍野中学校から予科練に入る同級生のために、仲間たちが激励会を開いた。その際、写真館で記念撮影に臨んだときの一枚。〈たつの市龍野町・昭和19年頃・提供＝角倉吉彦氏〉

▲出征兵士の壮行会　東和通りに面した商家の前で出征兵士を送り出している。自転車で通りかかった人や子どもたちも見送りに参加している。〈宍粟市山崎町山崎・昭和16年・提供＝山崎歴史郷土館〉

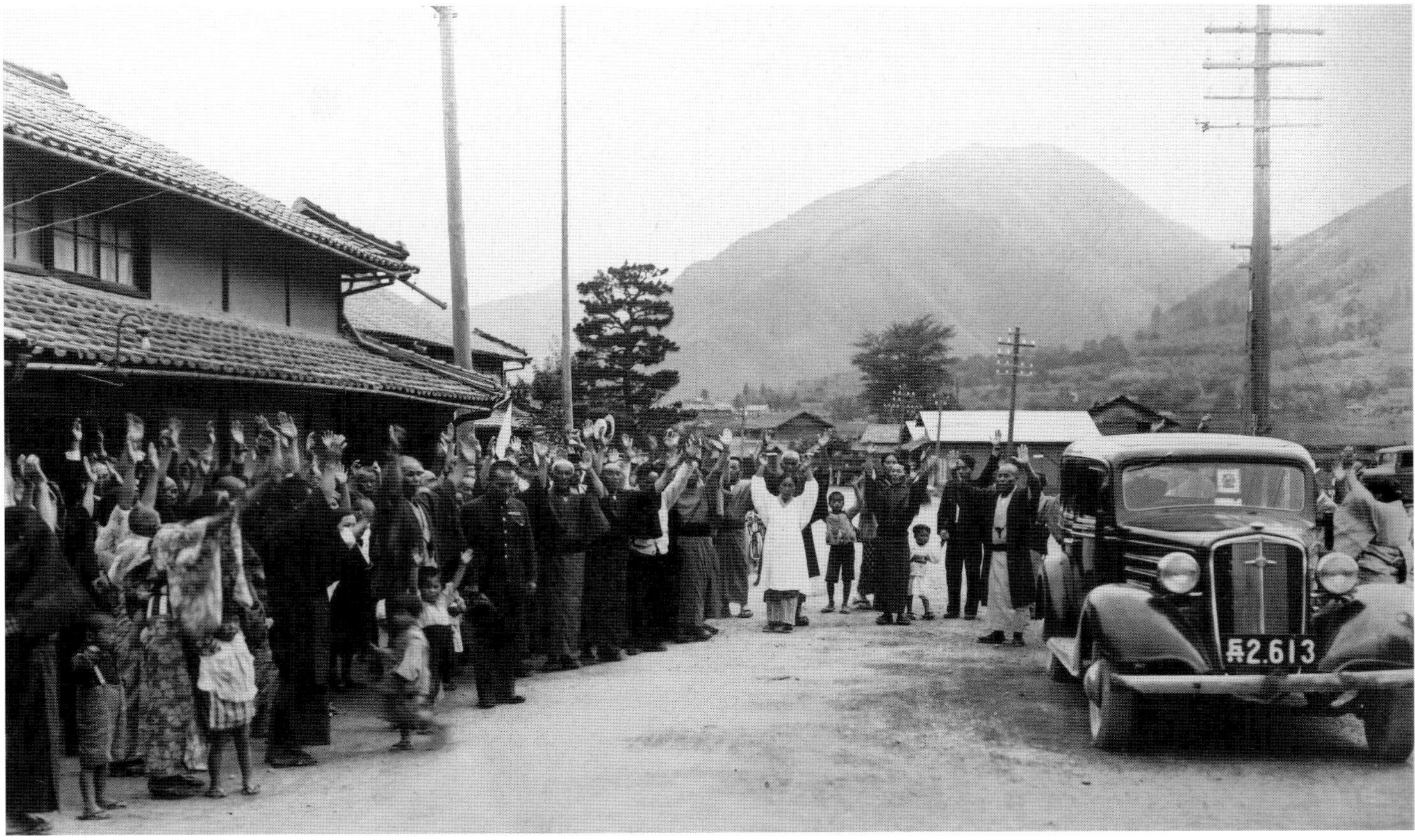

▲出征兵士を送る　出征兵士はまず自分の集落で見送りの人々に「私は過日名誉ある召集令状をうけ…入営の暁には…専心軍務に精励し…家には年老いた両親が…なにとぞ近隣の皆さま、どうぞよろしく…」などと挨拶をしたものだった。写真左側中央の詰襟姿の男性が出征する人物。この道路は現在の国道29号である。〈宍粟市一宮町伊和・昭和17年・提供＝中村巖氏〉

▲神戸村出征兵士への送辞　各集落から送り出された出征兵士たちは中央の神戸国民学校に集合し、校庭で村長、在郷軍人会長らによる祝辞と激励の言葉を賜った。この後、後ろを向いて着席し、挨拶をしてから別れの盃を受けた。最後は万歳の大合唱で見送られた。〈宍粟市一宮町東市場・昭和 17 年・提供＝中村巌氏〉

▶奉安殿の前で　繁盛尋常高等小学校校庭の奉安殿の前で撮影された。出征記念の写真と思われる。〈宍粟市一宮町上岸田・昭和初期・提供＝宍粟市教育委員会〉

▶波賀八幡神社の出征兵士壮行会 波賀八幡神社で行われた出征兵士壮行会の光景である。人々の歓呼の声に見送られて各集落を出た出征兵士は、地元の神社などで行われる合同の壮行会に参加した後に入営していた。戦況が悪化してくると、派手な見送りはなくなっていき、このような合同壮行会は行われなくなった。〈宍粟市波賀町安賀・昭和10年代・提供＝山崎歴史郷土館〉

◀神部村の出征風景 秋を過ぎた頃の出征風景。竜野駅を西に行った辺りだろうか、線路沿いに見送りの人々が詰め掛けている。〈たつの市揖保川町黍田・昭和10年代後半・提供＝二井上邦彦氏〉

▶戦地に送る家族写真　戦地で戦う三方村の出征軍人に家族の元気な姿を見せて励ますため、故郷の産土社である御《み》形《かた》神社の境内で撮影された一枚。写真には「銃後のことは心配せず手柄をたてよ」などの言葉が添えられた。〈宍粟市一宮町森添・昭和10年代後半・提供＝進藤光昭氏〉

◀外地へ送った写真　子どもが8人いた家庭で、外地へ赴いた次男に送るために姉妹たちが揃って撮影した写真。次男は終戦後戻らず、帰国した戦友によって戦死が伝えられたという。床の間には神棚のほか、ハイカラな人形が見える。〈たつの市・昭和14年頃・提供＝北村哲朗氏〉

▶戦時中の家族写真　戦争が激化するにつれて徴兵対象者が拡大され、多くの男性が戦地へ送り出されるようになると、町から男性の姿が少なくなっていった。そんなさなかの正月に撮影された家族写真。収まっているのは、女性と子どものみである。〈宍粟市山崎町門前・昭和19年頃・提供＝清水佳美氏〉

▲庭先にて　前列２人の女性のたすきには、大日本国防婦人会とある。大日本国防婦人会は昭和７年、大阪で結成された婦人団体を前身に発足。出征兵士の送迎や遺家族の援助などの奉仕活動を行っていた。白い割烹着にたすき掛けが会服で、同９年に揖保郡支部が結成されている。〈揖保郡太子町東南・昭和９年頃・提供＝太子町立歴史資料館、桑名敏朗氏蔵〉

▲斑鳩国防婦人会の奉仕活動　この年に日中戦争が始まり、この地域でも多くの兵士が出征していった。男手が足りなくなった農家の稲刈りを、大日本国防婦人会の会員たちが手伝っている。〈揖保郡太子町鵤・昭和12年・提供＝太子町立歴史資料館、内海つや氏蔵〉

▶戸原村出征軍人宅への勤労奉仕 出征して働き手がいなくなった農家の田で勤労奉仕に精を出す人々。刈り取った稲を束ね、稲木に掛ける作業をしている。〈宍粟市山崎町宇原・昭和7年・提供＝山崎歴史郷土館〉

◀共同農作業の風景①　若者の多くが出征して働き手が少なくなったこともあり、近隣が助け合って共同で農作業することが増えた。写真は田植え前の代《しろ》掻《か》き作業をするようす。〈宍粟市山崎町宇原・昭和17年・提供＝山崎歴史郷土館〉

▶共同農作業の風景②　共同で稲刈りをしている。写真中央には、刈り取られた稲が乾燥のため、稲木に掛けられているのが見える。〈宍粟市山崎町・昭和17年頃・提供＝ふるさと宍粟写真集第2集〉

▲支那事変三周年記念相撲大会　昭和12年7月7日の盧溝橋事件を発端とした中国との戦争が3年経ったのを記念して、同15年7月7日に相撲大会が開かれた。〈揖保郡太子町東出・昭和15年・提供＝太子町立歴史資料館、太田小学校蔵〉

▲戸原村戦死者の村葬　戸原尋常高等小学校で戦死者の村葬が行われているようす。戦争末期になると戦死者も多くなり、村葬は行われなくなった。〈宍粟市山崎町宇原・昭和12年・提供＝ふるさと宍粟写真集第2集〉

◀戸原村忠魂塔除幕式　戸原小学校近くの高台に、同村で戦死した人々の霊を慰めるための忠魂碑が建設され、その除幕式が行われた。〈宍粟市山崎町宇原・昭和16年・提供＝山崎歴史郷土館〉

▼山崎最上山防空監視哨　山崎町の中心部を見渡せる最上山の上に防空監視哨が設置された。神職を招いて儀式が執り行われているので、竣工式と思われる。〈宍粟市山崎町門前付近・昭和18年・提供＝山崎歴史郷土館〉

◀満蒙開拓青少年義勇軍に入隊　宍粟郡満蒙開拓青少年義勇軍に入隊した青年5人。撮影場所は西谷尋常高等小学校前である。昭和13年から敗戦までに、約8万6,000人の青少年が、全国各地から満州国に開拓民として送り込まれた。〈宍粟市波賀町安賀・昭和15年頃・提供＝山崎歴史郷土館〉

▲国防自転車部隊が通過　戦時中、陸軍では自転車が軍事利用され、自転車部隊は後にマレー半島での英国戦などで活躍し、銀輪部隊とも呼ばれていた。写真は、宮崎から橿原神宮までの800キロ余りを自転車で走破する演習で、旧山陽道の竜野駅前を通過したときのようす。〈たつの市揖保川町・昭和14年・提供＝二井上邦彦氏〉

フォトコラム

斑鳩寺の大開帳

揖保郡太子町の斑鳩寺《いかるがでら》は、播磨における太子信仰の中心地として古くから栄え、二月二十二・二十三日の春会式は今も多くの人出で賑わう。その斑鳩寺で昭和十年四月、大開帳が行われた。大開帳は六十年に一回の大祭といわれるが、実際には聖徳太子の年忌法要や聖徳殿に安置される聖徳太子十六歳孝養像（裸体の木像に衣装を作って着せたもの）の衣を新しい物に着せ替える衣替法要にあわせて行われており、この時も六十年ぶりというわけではなく、大正十年の太子千三百年忌・太子御衣替法要大開帳以来、十四年ぶりの大開帳であった。

会期は四月十三日土曜日から二十二日月曜日までの十日間で、十六日東南の法伝哉《ほうでんや》、十七日東保の法伝哉、十八日中日大法要・大練り供養、十九日平方の法伝哉、二十一日福田の法伝哉、二十二日には結願大法要・大練り供養が行われ、大練り供養では、先年選定されたばかりの新西国霊場の山主が十八日に、青蓮院門跡が二十二日に輦台《れんだい》に乗り、二十五菩薩、天童（稚児）や伶人（楽人）とともに、西光寺を出発、新町、西本町を通って松の馬場を斑鳩寺へと練り歩いた。そのほかの日も各地区がいろいろな扮装で斑鳩寺に練り込み、踊りやにわか芝居を奉納した。

斑鳩寺周辺の各町内では、通りに松を立てて縄を張り、紅提灯と「大開帳」と書いた旗を吊り下げ、家々の軒先には桜の造花を挿し、高張り提灯を立てた。また、道沿いの家や空地には聖徳太子の生涯や芝居の名場面を描いた造り物が飾り付けられ、町全体が聖徳太子の祭りで盛り上がった。この間、十五日に雨が降ったものの、それ以外は天気にも恵まれ、多くの人が参詣して大変な賑わいをみせた。

斑鳩寺にほど近い斑鳩尋常高等小学校でも講堂で生花展が開かれた。会期中の授業は午前中だけになり、十五日には二年生以上の児童が宝物を拝観に出かけた。また朝会で、「大開帳の賑わいの中でも、生徒として恥ずかしくない態度をとること」「祭気分を学校に持ってこない。学校では学校の気分、帰れば祭気分になってよい。気分を一新してやる時には力いっぱいやること」という主旨の訓話があったりと、子どもたちにも特別な十日間だったようだ。

この後、現在に至るまで斑鳩寺で大開帳は行われておらず、これほど町中が沸き上がったこともない。昭和十年の斑鳩寺大開帳は、奇しくも昭和前期という時代を反映した一大イベントとなった。

（田村三千夫）

◀**斑鳩寺大開帳のポスター**〈揖保郡太子町・昭和10年・提供＝太子町立歴史資料館〉

▲飾り付けられた町中　大開帳のために飾り付けられた中《なか》四《よ》町《ちょう》のようす。斑鳩寺門前の上之町・仁王前・出屋敷・小田町は中四町と呼ばれた。松の木を立て、紅提灯や桜の造花、高張り提灯などを飾っている。〈揖保郡太子町鵤・昭和 10 年・提供＝太子町立歴史資料館、斑鳩小学校蔵〉

▶大開帳の造り物　大開帳に合わせ、周辺の町内では、聖徳太子の一生などを表した造り物をつくり、町中に展示した。上之町では、姫路市立町の宮沢商店に依頼し、太子と物部守屋の合戦のクライマックス、太子軍の一矢を受けて高台より落ちる守屋の場面をつくった。〈揖保郡太子町鵤・昭和 10 年・提供＝太子町立歴史資料館〉

▲村を出発する東保の法伝哉の行列　法伝哉は、鵤荘内の東南・東保・平方（以上、太子町）・福田（たつの市誉田町）だけが執り行うことのできた伝統行事。4カ村が揃ったのは、この昭和10年が最後になってしまった。〈揖保郡太子町東保・昭和10年・提供＝太子町立歴史資料館〉

▼東南のお幡立て　法伝哉ではまず講堂の正面で、流れ幡をつけた長さ10メートルを超える竹を、しなりを利用して勢いよく立てるお幡立てが行われる。東南の幡には、桔梗の紋が入っている。溢れんばかりの人の中で、幡が立てられている。〈揖保郡太子町鵤・昭和10年・提供＝太子町立歴史資料館〉

▲中日大法要の大練り供養　大開帳の中日の4月18日と結願の22日は大法要があり、大練り供養が行われた。写真は中日の大練り供養で松の馬場を行く二十五菩薩。西国街道から斑鳩寺への参道は松並木が続き、松の馬場と呼ばれていた。〈揖保郡太子町鵤・昭和10年・提供＝太子町立歴史資料館〉

▶平方の法伝哉　幡が立てられた後、正面に作られた舞台の上で、鉦太鼓を踊るように叩きながら、法伝哉が舞われた。法伝哉は念仏踊りに由来する芸能と考えられ、江戸時代には鵤荘の盆行事だった。〈揖保郡太子町鵤・昭和10年・提供＝太子町立歴史資料館〉

▲福田の法伝哉　東南・東保・平方の三カ村がそれぞれ境内の舞台上で法伝哉を奉納したのに対し、福田は片足を高く上げてケンケンをする「カラス跳び」で仁王門から駆け込み、講堂の縁で奉納した。〈揖保郡太子町鵤・昭和10年・提供＝太子町立歴史資料館〉

▶福田の３本の幡　東南・東保・平方の三カ村がそれぞれ幡を１本ずつ持つのに対し、福田は３本持っていた。写真は出発前に村に立てられた福田の３本の幡で、橘が３つつながった「かずら橘」の紋が入っている。〈たつの市誉田町福田・昭和10年・提供＝太子町立歴史資料館〉

▼踊りの奉納　各地区の踊りの奉納は、写真左の鐘楼前でも行われた。写真には写っていないが右側には三重塔がある。〈揖保郡太子町鵤・昭和10年・提供＝太子町立歴史資料館〉

▶北之町の練り物の行列　高張り提灯を先頭に斑鳩寺に向かう北之町の練り物。仮装した人たちの後を、揃いの浴衣に花笠をかぶった人々が賑やかに練り歩いている。〈揖保郡太子町鵤・昭和10年・提供＝太子町立歴史資料館〉

▼花笠踊りを奉納した北之町の面々
斑鳩寺境内の舞台では、法伝哉以外にも、各地区が踊りなどを奉納した。写真は北之町が花笠踊りをした時の記念撮影。講堂前にて。〈揖保郡太子町鵤・昭和10年・提供＝太子町立歴史資料館〉

▲西本町の練り物　西本町の練り物が出発するところである。さまざまな扮装をして、これから斑鳩寺に練り込む。忠臣蔵の衣装を身に着けた人々は、この後、斑鳩寺で忠臣蔵のにわか芝居を奉納した。〈揖保郡太子町鵤・昭和10年・提供＝太子町立歴史資料館〉

◀見物客で混み合う斑鳩寺境内　聖徳殿前殿の縁から南東を見たようす。結願の22日の大練り供養が斑鳩寺に戻ってきたところだろう。境内には太子の好んだという松の大木が見える。〈揖保郡太子町鵤・昭和10年・提供＝太子町立歴史資料館〉

3 戦後の街並み・風景

戦後、日本は目覚ましい復興を遂げ、昭和三十一年には、経済白書に記された「もはや戦後ではない（「経済白書」）」が流行語にもなった。高度経済成長期には、全国各地で宅地開発が加速し新市街地が形成されるようになった。農村部では圃場整備が進められ田園風景も変貌した。車社会に対応した道路の新設、拡充もなされていった。

当地域においては、なかでも太子町の変化が著しく、人口増加は顕著で、昭和二十五年に一万三千人余であった人口は、平成二年には三万人を超えている。本来、農業が盛んであった太子町は、高度経済成長期以後、姫路や沿岸工業地帯で働く人々のベッドタウンとして都市化していったのである。昭和三十五年、東京芝浦電気（現東芝）姫路工場太子分工場の操業開始も町の産業構造に影響を与えた。

町域には、昭和六十年に太子・龍野バイパス、平成二年に山陽自動車道が開通する。国道二号（現国道一七九号）沿いにあったロードサイド型商業施設も、ドライブインやモーテルなどが昭和五十年代以降急減し、大型のスーパーや電器店、紳士洋服店などの生活用品を扱う店舗へと変わった。モータリゼーションの進展や宅地化により、地域住民の生活に密着した店舗へと転換していったのである。

こうした傾向は、小規模ながら、国道二号沿いのたつの市揖保川町正條付近や国道二九号沿いの中国自動車道山崎ＩＣ付近にもみられる。また、昭和四十年代から竜野駅周辺の宅地開発も進み、揖保川町の新在家では、兼松羊毛工業竜野工場の跡地に大規模なニュータウンが建設されるなど、町の表情は一変した。

これら開発一辺倒のまちづくりは昭和末期ごろから見直され、古くからの町並み、風景を保存し、生かす試みが始められている。平成に入ると、旧城下町である龍野町龍野地区（たつの市）、古代から天然の良港であった御津町室津地区（同）、斑鳩寺を中心とした鵤地区（太子町）では兵庫県の「景観の形成等に関する条例」の地区指定をうけた。宍粟地域でも「旧陣屋があった山崎地区」などが伝統的景観の保存に取り組んでいる。

（盛田賢孝）

▲ヒガシマル醤油と龍野橋　揖保川を境に手前（西岸）が城下町の面影を残す龍野地区。整った瓦葺屋根が美しい。対岸はヒガシマル醤油の本社工場で、煙突も見える。写真中央の大きな建物は会社創立25周年に記念蔵として建てられたという。背後の田んぼは現在ほとんど住宅地となっている。龍野橋西詰の火の見櫓は撤去されている。〈たつの市・昭和39年・提供＝武内憲章氏〉

▲龍野工業学校の写る風景　鶏籠山《けいろうざん》の北、揖保川の右岸（西）辺り。広い河原では戦時中に滑空班（グライダー部）が活動していた。写真左上方に嘴崎橋と石材を切り出され山肌をさらす嘴崎山が見える。集落の中央を走る国道179号から少し入ったところに校門があった。校庭に面した上げ下げ窓の校舎は1階が教室、2階が講堂だった。同校は大正10年の開校当初は商業学校だったが、昭和19年に工業学校となり、同23年4月に新制の県立龍野工業高校となった。翌24年、龍野実業高校に改称し商業科が復活したが、平成20年、同校と新宮高校が統合され、龍野北高校が発足したことにより、同23年に閉校した。〈たつの市龍野町北竜野・昭和23年・提供＝志水出吉氏〉

▶揖保川河畔にて　龍野工業学校の卒業記念アルバム作成のため、各部活動ごとに思い出の場所で記念撮影した中の一枚。ここは龍野橋の下流で、大きな枝垂れ柳がある。〈たつの市龍野町川原町・昭和23年・提供＝志水出吉氏〉

◀武家地の桜　上霞城の龍野小学校南門付近。龍野小学校の敷地は、江戸時代に武家地（武家屋敷があった地区）となっていた場所だったが、南門の東からは町人地（町家地区）に接している。左側の土塀部分までは武家地、土塀の奥に写る二階建てのあるところは町家地区。当時でもその違いがはっきりと分かる景観である。〈たつの市龍野町大手・昭和 20 ～ 30 年代・提供＝平田美世子氏〉

▲龍野公園の花見　桜の季節になると、龍野公園、なかでも動物園のある市民グラウンド付近や聚遠亭一帯は多くの人々で賑わう。露店が並び夜桜見物の客も多い。写真左は鶏籠山の斜面。また辺りには名誉市民の三木露風の「ふるさとの」など多くの碑もある。〈たつの市・昭和 37 年・提供＝武内憲章氏〉

▶龍野神社境内のベンチ　的場山の麓に鎮座する龍野藩脇坂家の初代・脇坂安治を祀った神社の境内で撮影したスナップ。中学生らしき男女が座るベンチに、龍野の名産品「醤油」の文字がのぞく。〈たつの市龍野町中霞城・昭和34年頃・提供＝渡部清子氏〉

◀▼堀家住宅と大楠　日飼、島田、中村、小宅北、佐野、下野田は明治まで一橋徳川家領であった。堀家はその庄屋をつとめた豪農で、明和4年（1767）築といわれる主屋をはじめとする建物群が「堀家住宅」として国指定重要文化財となっている。左写真は揖保川東岸に位置する堀家の一部と楠の大木を北に望んでいる。この大楠は今も健在で、龍野のランドマークとなっている。川沿いに畳堤防が設けられているのが見え、川の対岸側にはかつての城下町が広がる。下写真は大楠辺りから南を見ている。堀家の土蔵の一部が左に写る。〈たつの市龍野町日飼・左：昭和30年代・提供＝石原肇夫氏／下：昭和59年・提供＝武内憲章氏〉

▶赤とんぼ荘を望む　赤とんぼ荘は兵庫県下最初の国民宿舎として昭和37年4月から営業を開始した。龍野の町や揖保川を俯瞰し、遠くは瀬戸内海を望む白鷺山に建設された。写真は竣工直後。揖西郡龍野町出身の詩人・三木露風が作詞した童謡「赤とんぼ」にちなんだ名称で、5月にはこの曲が流れるチャイムも設置された。〈たつの市龍野町・昭和37年・提供＝武内憲章氏〉

◀江戸の風情の下川原商店街　下川原商店街は、西播磨でも有数の賑やかな商店街であった。砂糖を商う丸甚《まるじん》、わたや薬屋のほか、呉服店、和菓子店などが軒を連ね、江戸時代から続く老舗が多かった。本瓦葺きの伝統的町家は今も残っている。〈たつの市龍野町下川原・昭和28年・提供＝平田美世子氏〉

▲龍野橋と龍野町玄関口の風景　東から揖保川を渡り、城下町・龍野へ入る玄関口である。アーチには「龍野市」の名とともに醤油やそうめんなど「名物」が掲げられている。橋の西詰の両側には、かつて播電自動車（のちに神姫バスと戦中政策により合併）のバス発着場があった。路線は姫路、網干港、山崎、相生、矢野、正條など各方面へ延び、鳥取、大原（岡山県）への急行も出ていた。〈たつの市龍野町下川原・昭和 30 年代後半・提供＝渡部清子氏〉

◀下川原商店街の子どもたち　昼間は通行人や買い物客で賑わう商店街も夕方近くになると静けさを取り戻す。3 人は姉弟。商店街の自宅前が遊び場に変わる。当時の子どもたちは道路にロウセキで絵を描いたり、線を引いてよく遊んだもの。昭和のぬくもりを感じさせる一枚。〈たつの市龍野町下川原・昭和 43 年・提供＝平田美世子氏〉

▶上川原町の町並み伏見屋商店の前にて　パーマをあて花柄のブラウスにひざ下丈のタイトスカート、「つっかけ」を履いた女性。ローマオリンピックが開かれ、ダッコちゃんが大ブームとなった頃のファッションである。〈たつの市龍野町上川原・昭和35年・提供＝楠由紀子氏〉

▼旭町で遊ぶ子どもたち　ウルトラマンの「シュワッチ」のポーズをとる男の子。右の女の子が持つボールに描かれた「ひみつのアッコちゃん」も当時大人気のテレビ番組だった。この通りには、洋食店、呉服店、銭湯などがあった。この先へ進むと揖保川に架かる旭橋に出る。祝日のようすか、日の丸が掲げられ、売り出しのペナントが子どもたちの頭上に架かっている。〈たつの市龍野町上川原・昭和45年・提供＝楠由紀子氏〉

▶本町商店街の夜景　現在のたつの市立図書館龍野図書館辺り。写真奥が龍野橋方面で、左手前に見える長野菓子店は、現在の図書館駐車場付近である。当時としては立派な街灯が設置され、古い町並みが映える。〈たつの市龍野町本町・昭和36年頃・提供＝渡部清子氏〉

▲金物屋「ふなびき」の店先　子どもとお母さん、おばあさんが店先で何やら話しているようだ。おばあさんが高下駄を履いているのは、あわてて外へ出たからだろうか、孫に何かを伝えているようす。微笑ましい光景である。〈たつの市龍野町上川原・昭和41年・提供＝楠由紀子氏〉

▲十《ど》文字《じ》川付近　写真の水路（十文字川）は山から東へ流れ揖保川に注いでいるが、この橋の下で北から流れてくる半田用水（浦川）と十文字に交差している。写真では水路の左が片岡家住宅、右は梅玉旅館、龍野の代表的景観エリアである。〈たつの市龍野町本町・昭和 54 年・提供＝武内憲章氏〉

◀遠足に向かう園児たち　これから姫路動物園に行く龍野幼稚園の園児と見送りの保護者たち。神姫バス営業所付近に並んでいる。この奥には揖保川が流れており、わずかに畳堤防が写る。〈たつの市龍野町旭町・昭和 45 年・提供＝楠由紀子氏〉

▲小宅（土井）牧場で遊ぶ　無中で遊ぶ子どもの向こうには堆肥舎が写る。現在のたつの市役所、中川原公園付近は、官公庁の移転が始まる昭和40年代までは揖保川の河川敷で、一面竹藪や草野原であった。その通りを隔てた東一帯に小宅（土井）牧場があった。牧場は大正期に創業、牛乳の加工販売も行っており、昭和天皇にも献上されたという。また牧場主は獣医でもあり、当地域における動物病院の嚆矢である。〈たつの市龍野町富永・昭和37年頃・提供＝土井勝憲氏〉

▲参道の姉弟　小春日和の日、一緒に夜比良神社参道で遊ぶ。弟が乗るのは子どもたちに人気のキャラクター自転車だろうか。ちなみに姉はキャンディ・キャンディ、弟はウルトラマンのファンであったという。〈たつの市揖保町揖保上・昭和54年・提供＝盛田賢孝氏〉

▲広がる田と稚児行列　僧侶を先頭に、着飾った大勢の稚児が盛装の母親たちに手を引かれて、集落の南道路を光遍寺（中臣・寺垣内）に向かって進んでいる。晴れやかな一枚である。〈たつの市揖保町中臣・昭和38年・提供＝武内憲章氏〉

▲稚児行列の日と候補者　大勢の人々が稚児行列の出立を待っている。通りかかって車を停めたのか、県議会議員選挙の候補者の姿も。警察官もいる。中臣山の南に当たる場所で、この道路を奥に直進すると龍野町へ通ずる。〈たつの市揖保町中臣・昭和38年・提供＝武内憲章氏〉

▲小《こ》嵐山《あらしやま》から新宮町を望む　姫新線を上りの蒸気機関車が走る。写真中央やや左を直進する道路は国道179号で、この先は佐用町、美作市へと続く。山上に白い貯水槽があるのは新田山で、山裾を栗栖川が右から左へ流れ、やがて揖保川本流と合流する。新田山の後背に見える高い山は、見る角度により富士山に似ていることから地元の名をとって芝《こげ》田《た》富士とも呼ばれる。〈たつの市新宮町新宮・昭和45年・提供＝御菓子司 櫻屋〉

▲新宮町、西部を望む　手前に揖保川が流れ、広い運動場はかつての新宮小学校、その右の杜は新宮八幡神社。写真左に姫新線が走る。正面奥に見えるのが大鳥山で、その右の集落は宮内である。山裾の田が広がる部分には、現在たつの市役所新宮総合支所（旧新宮町役場庁舎）が建設されている。その南にある国指定史跡の新宮宮内遺跡では、史跡公園整備が進められている。〈たつの市新宮町新宮・昭和45年・提供＝御菓子司 櫻屋〉

▲割烹旅館・魚芳の屋形船　揖保川を北向きに、上流を望んでおり、河畔には6艘の屋形船が停泊している。船の屋根には魚芳旅館の名が見える。この川の鮎は香りがよいことで知られ、毎年6月から9月の間、魚芳では屋形船で鮎料理を楽しむことができた。京阪神からの客が多く、関東方面からも訪れたという。写真には写っていないが、写真左に魚芳、右に国民宿舎志んぐ荘がある。〈たつの市新宮町新宮・昭和50年・提供＝武内憲章氏〉

▼国道179号新宮三叉路　国道179号は、龍野町から北上して、この新宮三叉路で西（写真右方向）へ曲がり、佐用町へと続いている。三叉路のすぐ北にある姫新線の踏切りを渡り、揖保川沿いに北上すると山崎町（現宍粟市）へ通じる。右手の食堂は、現在は木南書店となっている。通学路になっていたようで、自転車に乗る女学生や交通整理をする警察官の姿が見える。まだ信号機がなかった頃である。〈たつの市新宮町新宮・昭和45年・提供＝たつの市〉

▲竜野駅前の旧景　駅舎を背にして見た駅前のようす。神姫バスに多くの子どもたちが乗り込んでいるが、これから遠足だろうか。正面には当時の中村屋旅館が写っている。〈たつの市揖保川町黍田・昭和25年・提供＝二井上邦彦氏〉

▲拡幅前の国道２号　国道２号に沿って建つ井河原産業の社屋と、周囲に見える数軒の民家のほかは、一面に田んぼが広がっている。国道と直角に交わる細道沿いに造成が進んでいるのは井河原産業の北工場用地で、昭和43年に完成している。細道を挟んだ民家は、拡幅工事のため写真の場所から移動した。右上には揖保川、右下には山陽本線がわずかに見えている。〈たつの市揖保川町正條・昭和42年頃・提供＝井河原産業株式会社〉

▲揖保川に群れるユリカモメ　揖保川畔西から、東岸のクミアイ化学工業龍野工場を望む。かつて揖保川には冬季に無数のユリカモメが飛来し、群れ遊ぶ姿は冬の風物詩であった。〈たつの市揖保町山下・昭和 49 年・提供＝武内憲章氏〉

▲旧山陽道の宿場・正條を練る子ども神輿　夜比良神社の秋祭りの日のひとコマ。正條の子ども神輿が威勢よく村を練っている。江戸時代、正條は山陽道の宿場町として栄えた。神輿の後ろには伝統的町家の家並みが続き、往時の名残を留めている。今も屋号で呼ばれる家が多く、付近には明治天皇行在所跡がある。〈たつの市揖保川町正條・昭和 51 年・提供＝井河原産業株式会社〉

▲揖保川の川原で遠足　神部幼稚園の園児たちの後ろには、開通前の山陽新幹線の鉄橋、その奥には山陽本線の鉄橋が見える。写真では見えないが、さらにその奥には国道２号の正條橋があり、その向こうには龍野の的場山、鶏籠山が垣間見える。〈たつの市揖保川町正條・昭和44年頃・提供＝井河原産業株式会社〉

▲揖保川町民グラウンド　揖保川町で初めての、町民待望の体育施設であった。軟式野球、ソフトボール、バレーボール、テニス等が楽しめる町民グラウンドとして整備された。今でも、ゲートボール、盆踊り、とんど、地域の運動会など多目的に利用されている。〈たつの市揖保川町黍田・昭和51年・提供＝柴原さとみ氏〉

▲神戸神社の工事　神戸神社の改築は、神社の南を走る国道2号の拡幅計画が契機となって進められた。神戸山を造成して境内地とし、山腹に座していた本殿を現在地に新築する工事が行われている。写真ではすでに本殿、手水舎、大国殿玉垣等が完成しているようすが見られる。〈たつの市揖保川町神戸北山・昭和50年代・提供＝柴原さとみ氏〉

▲殿浜　賀茂神社の岬の南の海岸は殿浜と呼ばれる。遠浅の海岸で、室津の人々の海水浴場や潮干狩り場になっていた。昭和46年に埋め立てられ、室津小学校が建った。〈たつの市御津町室津・昭和33年・撮影＝吉村廣夫氏〉

▶未舗装の坂道　室津は狭い土地に家が密集しているため、道幅が非常に狭い。本通りに直交する路地を小路《しょうじ》と呼び、本瓦葺の屋根が重なり合う景観も、室津の町並みの特徴である。後姿の女性は一斗缶に肥料を入れ、畑に行くところであろう。〈たつの市御津町室津・昭和 30 年・撮影＝吉村廣夫氏〉

◀室津の路地　室津の東地区の本通り。両側に家屋が建ち並んでいるため、道の拡幅も容易ではない。車の往来の少ない道は子どもたちの遊び場所でもあった。〈たつの市御津町室津・昭和 60 年・提供＝武内憲章氏〉

▲最上山から眺める山崎市街地　山崎の町並みが一望できる。市街地の手前には本町通りにある光泉寺の屋根が見える。写真上部には城下地区東部の田が広がり、山裾に沿って揖保川が流れている。〈宍粟市山崎町周辺・昭和30年代・提供＝山崎歴史郷土館〉

◀山田の永歓橋付近　橋の上の道路は江戸時代、山崎の城下町へ入る主要な道であった。流れる小川は山崎城の南壁の麓を経て、城下平野の田畑を潤すための用水路である。〈宍粟市山崎町山田・昭和30年・提供＝山崎歴史郷土館〉

▶山田町の商店街①　旅館や靴店、釣具店、歯科医院などが軒を連ねている。登校する山崎高校の生徒の自転車が、列をなして進む。〈宍粟市山崎町山崎・昭和30年頃・提供＝ふるさと宍粟写真集第2集〉

◀山田町の商店街②　商店街の客も自家用車を利用し始めた頃。商店や商品の看板、幟《のぼり》や旗が並び、賑やかである。〈宍粟市山崎町山崎・昭和44年・提供＝あがた薬局〉

▲鹿沢の旧景　県道53号沿いの山崎町鹿沢、現在は宍粟防災センターが建っている辺りである。この地にジャスコ山崎店が開店したのは昭和38年のこと。当地の小売店中心の商業形態が変わっていく引き金となった。〈宍粟市山崎町鹿沢・昭和37年・提供＝山崎歴史郷土館〉

◀揖保川河岸の船着場跡付近　揖保川河岸の船着場の石積みが左側に見える。江戸時代から大正時代まで、この両河岸から宍粟の木炭などの産物が高瀬舟に載せられ網干の河口まで運ばれていた。船着場の下流には宍粟橋がある。写真の建物は製材所の一部。〈宍粟市山崎町中広瀬・昭和38年・提供＝山崎歴史郷土館〉

▲今宿の田園風景　山崎町今宿より南西方向を望む。青蓮寺付近の森が見えている。
〈宍粟市山崎町今宿付近・昭和29年・提供＝山崎歴史郷土館〉

◀今宿から東の河東方面を望む
正面の山は河東の愛宕《あたご》山。この道の先には揖保川の十二波《じゅうにんなみ》の水泳場がある。〈宍粟市山崎町今宿・昭和30年・提供＝山崎歴史郷土館〉

▲須賀沢の旧景　須賀沢にある願寿寺から坂を下って揖保川の手前を右折する付近のようす。竹藪の向こうは揖保川。未舗装の道路は、雨が降ればすぐ水溜まりができて穴があく。このカーブを右折したところから、揖保川沿いに北上する河東道が始まる。〈宍粟市山崎町須賀沢・昭和40年頃・提供＝山崎歴史郷土館〉

▶山崎木材市場付近　須賀峠の上部にある山崎木材市場付近の風景。写真の国道29号はまだ舗装されておらず、右手の田には稲藁を集め乾燥保存するつぼきが見える。坂を下っている自転車の前方の橋は、大谷川に架かっている。現在この周辺は、中国自動車道の開通により様変わりしている。〈宍粟市山崎町須賀沢・昭和38年・提供＝山崎歴史郷土館〉

◀**神野《かんの》発電所より国道29号を望む**　写真手前に正条植えの田んぼ。懐かしい情景で、7月初旬頃の撮影と思われる。山裾を走る道路は国道29号（因幡街道）で、道沿いに揖保川が流れている。写真右、家がある辺りは山崎町木ノ谷。この地に座す美国神社は勤王の志士を祀り、墓碑の揮毫は最後の安志藩主による。〈宍粟市山崎町清野・昭和20年代後半・提供＝米澤充氏〉

▶城下平野を北に見る　この辺りには古代からの条里制による区画割りがまだ残っているといわれる。手前、道路沿いに長い棟が並んでいるのが東亜林業系列のトーア商事。その右に揖保川と戸原橋が見える。写真中央を南北に縦断する道路に沿って、真ん中辺りにあるのが城下小学校、その左隣に城原中学校（現山崎南中学校）がある。最奥部を左右に中国自動車道が走っており、右手の川岸付近に前年開通した山崎 IC が見える。〈宍粟市山崎町・昭和 51 年・個人蔵〉

◀神野発電所放水口で　宍粟市には数カ所の水力発電所がある。神野発電所は揖保川の上流から取水し、出力は 1,000 キロワット余である。この放水口は、幅 4.7 メートル・高さ 3.6 メートルという。写真は見学に訪れた児童たち。〈宍粟市山崎町清野・昭和 31 年・提供＝志水出吾氏〉

▶**禅寺山の登山道**　戸原小学校の6年生が、体育の授業の一環として、秀吉の攻撃を受けたと伝わる禅寺山への登山遠足をした。ここには参拝登山道が残っている。〈宍粟市山崎町・昭和58年・提供＝志水出吾氏〉

▲最上山より西に市街地を見る　ほぼ中央を揖保川が横断している。左が上流である。川の向こうは河東地域で、左の山裾から右端へ、手前に張り出て見える山裾まで山崎断層帯が走っている。〈宍粟市山崎町・昭和54年・提供＝志水出吉氏〉

▼宇原橋から見た宇原の渡し跡　かつて揖保川のこの辺りには小舟の渡しがあり、高瀬舟も往復し、筏流しも行われていた。対岸には船大工小屋があり、高瀬舟を造っていた。今も「渡場」という神姫バス停がある。写真左寄りに戸原小学校が見える。〈宍粟市山崎町宇原・昭和61年・提供＝志水出吉氏〉

▲国道 29 号神戸《かんべ》付近　左から中村鉱油店、中村タイヤ商会、その奥に小倉雑貨店がある。背後に見える森は伊和神社。当時、国道 29 号は整備前で、自動車の往来も少なく、道路の中央で立ち話をしたり、子どもたちが遊んだりするのが常であった。道沿いに立ち並ぶ電柱は電話用であろう。鉱油店の店先に、懐かしの手動式のガソリン給油機が見えている。〈宍粟市一宮町伊和・昭和 20 年代前半・提供＝中村巌氏〉

▲引原ダム管理所の前で　引原ダムは昭和 33 年 3 月に完成した。重力式コンクリートダムで、有効貯水量約 1,840 万平方メートルである。現在管理所は別の場所に移転している。〈宍粟市波賀町引原・昭和 42 年・提供＝楠由紀子氏〉

▶戸倉山荘　戦後のスキーブームで昭和20年代に建てられ、同50年頃改築された。2人の子どもの目前が国道29号である。宿泊に限らず、軽い食事などにも利用され、撮影当時はざるそば一杯60円だったという。春はワラビ採り、夏はキャンプなどで賑わった。〈宍粟市波賀町戸倉・昭和42年・提供＝楠由紀子氏〉

▼雪の波賀町　大雪に備える集落を眺望する。旧宍粟郡南部で雪が1センチ降れば、北部では1メートルといわれ、波賀町は宍粟地域の中でも降雪量が多い。昔は乗用車が雪にすっぽり埋まることもあった。〈宍粟市波賀町皆木・昭和50年・提供＝武内憲章氏〉

▲千草の町並み　千種川の左岸のこの地区の眺めは平成の今ではすっかり様変わりしているが、当時から変わらず行政機関や学校、商店が集まる町の中心部である。〈宍粟市千種町千草・昭和20年代前半・提供＝ふるさと宍粟写真集第2集〉

◀日名倉山を望む　兵庫県と岡山県の県境に位置する標高1,047メートルの日名倉山の山裾を、白いもやが立ちこめている。千種中学校の旧校舎と近隣の民家も見える。〈宍粟市千種町河呂・昭和40年・提供＝追憶ふるさと宍粟写真集〉

▲稲刈り後の鷹巣《たかのす》集落　山村ののどかな風景。稲刈りが済んで稲束が稲木に掛かっている。茅葺の民家が多い。火災には弱かったが、夏涼しく、冬暖かいことに加え、材料も手近にあった。〈宍粟市千種町鷹巣・昭和43年・提供＝太子町立歴史資料館、太田小学校蔵〉

▶千種町の内海集落　この道は旧国道429号に当たり、ここから少し進むとゴルフ場への分岐があった。平成19年、写真の辺りに鳥《とり》ヶ《が》乢《たわ》トンネルが整備された。昭和初期まで養蚕が盛んであった地域である。〈宍粟市千種町岩野辺・昭和42年・提供＝太子町立歴史資料館、太田小学校蔵〉

▶千種川に架かる室橋《むろばし》　3本の橋脚のうち2本が見える。ここから北にある集落の一帯が千草の中心部である。室橋は昭和63年に架け替えられ、現在は橋を渡る道路が国道429号となっている。右側が東詰で、写真には写っていないが信号があり、南に延びる県道72号と交差している。〈宍粟市千種町・昭和48年・提供＝武内憲章氏〉

◀千種川の清流　環境省の名水百選にも選ばれた千種川は、昔は日本有数の砂鉄の産地でもあった。千種川の鮎は味のよさで全国的にも有名で、毎年多くの釣り人が訪れる。写真はかなり上流で、アマゴがよく釣れる。〈宍粟市千種町・昭和48年・提供＝武内憲章氏〉

▶前山より西北西を望む
前山（斑鳩校区では東山とも呼ぶ）から龍野方面を撮影した一枚。後方やや右寄りに的場山、その右手前に見える三角形の山が鶏籠山である。写真ほぼ中央の丘陵が城山、その右が坊主山、左手前に写る集落は助久地区で、その周辺の水田区画は条里制の名残である。現在、城山とその周辺は宅地化が著しい。〈揖保郡太子町佐用岡〜鵤・昭和30年・提供＝斑鳩ふるさとまちづくり協議会〉

▲前山より揖東中学校付近を南に望む　写真右上に見える揖東中学校は、斑鳩町、太田村、誉田村（現たつの市誉田町）の組合立中学校として昭和22年に設立。翌23年に新築校舎の落成式が行われている。写真上方には左右に国道2号（現179号）が走る。ここにも条里制の水田が広がっている。この後、揖東中学校は同32年に全焼、中学校統合が促され、34年に石海・龍田中学校と統合して新しく太子中学校が誕生することになる。〈揖保郡太子町東保〜鵤・昭和30年・提供＝斑鳩ふるさとまちづくり協議会〉

▲太子町役場旧庁舎付近を北東に望む　ほぼ中央に写る太子町役場は、昭和30年4月竣工。写真右端の鉄筋コンクリート造の建物は、統合により廃校となった揖東中学校跡に建てられた東京芝浦電気（現東芝）の独身寮。右下の瓦屋根の民家は旧山陽道（西国街道）に面している。屋根の向きがそれらと直角をなしている、左下の家屋は鵤の町を抜ける旧龍野街道沿いに建っており、一番手前の入母屋造りは太子郵便局である。〈揖保郡太子町鵤・昭和30代後半・提供＝斑鳩ふるさとまちづくり協議会〉

▶空から見た石海小学校周辺　北方向に見ている。運動場上部の半分は昭和23年、その右に見える石海中学校の建設と同時に造成され、翌年完成した。運動場の左に石海幼稚園、その上に石海村役場、また左下に石海農業協同組合（旧石海産業組合）が見える。小学校と中学校の外側、写真上から右にかけて旧河道が見て取れる。〈揖保郡太子町福地・昭和31年・提供＝太子町立歴史資料館、石海小学校蔵〉

▲**東京オリンピック聖火リレーのルート**　26区の太田小学校前から原坂新旧国道分岐点までの途中、引き継ぎ地点のやや手前の緩い上り坂である。右手後方は檀特山。現在、左手丘陵には県営住宅が建ち、この国道2号（現179号）との間には山陽新幹線が走っている。〈揖保郡太子町原・昭和39年・提供＝太子町立歴史資料館、太田小学校蔵〉

▲**国道2号バイパス**　昭和50年12月11日に開通した姫路バイパスの終点、太子東ランプの国道2号東行き出口。大型車は通行禁止だった。前方の高架は、当時国道2号西行きからは入れなかった姫路バイパス東行き道路である。〈揖保郡太子町山田・昭和50年・提供＝太子町立歴史資料館〉

▲ドライブインうかいやのネオンサイン　昭和39年、国道2号沿いに太子町内で2軒のドライブインが開業。うかいや石油店（現株式会社うかいや）がそのひとつを買収し、レストランを開業した。その後、車の「通りすぎ」を防ぐためにガソリン・スタンドと合わせて間口を広くしたドライブインが、昭和43年に開店した。〈揖保郡太子町東出・昭和49年・提供＝武内憲章氏〉

▲空から斑鳩小学校周辺を北に見る　斑鳩小学校は明治6年、新町に斑鳩小学校、北の馬場に鵤小学校が設立されたことに始まる。「北の馬場」は鵤の小字のひとつ。木造二階建ての本館、コンクリート造三階建ての新館、新館の左にプール、その手前に体育館が並ぶ。本館の左には、火の見櫓《やぐら》と並んで体育館建設に伴い移動した太子町公民館が見える。運動場の中央からやや右よりを、かつては播電鉄道が南北に走っていた。右には国道179号が見える。〈揖保郡太子町鵤・昭和49年・提供＝太子町立歴史資料館、斑鳩小学校蔵〉

▲斑鳩寺付近　太子山から真北を望んでいる。中央やや右よりの南北に走る道は「松の馬場」と呼ばれた斑鳩寺参道で、奥に斑鳩寺の堂塔が見える。中央付近を横切る道は当時の国道２号（現県道725号門前鵤線）。斑鳩寺の右に斑鳩小学校の校舎があり、左には東芝姫路太子分工場（現東芝姫路半導体工場）の寮が並ぶ。宅地化が進行しつつある風景である。〈揖保郡太子町鵤・昭和56年・提供＝室井美千博氏〉

▲斑鳩寺勝軍会（御頭会）の行列　柳地区の行列で、総代が「牛王宝印」のお札を入れた箱を持ち、頭人は家から「おじ」に肩車されて足を地に着けることなく、斑鳩寺に入る。この行列は、富ノ小川沿いに北から来て、斑鳩寺の南東角で富ノ小川を西に越し、仁王門に向かっている。〈揖保郡太子町鵤・昭和54年・提供＝武内憲章氏〉

▲**旧ヒガシマル醤油本社**　菊一醤油造合資会社の本社社屋として昭和7年に建てられ、同17年に淺井醤油合名会社と合併して龍野醤油株式会社（現ヒガシマル醤油）となった後は、その本社事務所として使用された。新社屋建設に伴い54年にうすくち龍野醤油資料館として開館。国登録有形文化財でもある。〈たつの市龍野町大手・昭和51年・提供＝室井美千博氏、藤井十郎氏蔵〉

▲**国民宿舎「赤とんぼ荘」**　正面から見た外観である。白鷺山の中腹に建ち、白鷺山公園とも隣接している。公園は桜や紅葉の名所であり、宿舎からは居ながらにして景色なども楽しめる。長きにわたり人々に親しまれている施設である。〈たつの市龍野町日山・昭和41年・提供＝武内憲章氏〉

▲大塚商店　二階建ての商家。入口は引き違いのガラス戸で、当時の代表的な商家の造りである。「たばこ」「マルマン」の看板のほか、店舗にはクレハやフジカラーの名も見える。昭和34年頃から写真の現像も扱っていた。右の煙突は松屋醤油醸造所である。揖保川の東、国道179号沿いにあった。〈たつの市龍野町堂本・昭和35年頃・提供＝大塚敏正氏〉

▲乃井野屋旅館　寛政3年（1791）開業の旅館。間口は3間半、奥行きは5間半、入口から奥へと続く通り庭の右側に部屋が並び、2階の道路側には鉄格子が入った出格子窓がある。宿泊客に、入江たか子、片岡知恵蔵、高田浩吉、東海林太郎、小唄勝太郎、鶴田浩二、エンタツ・アチャコらがいたという老舗である。〈たつの市龍野町上川原・昭和50年・提供＝室井美千博氏、藤井十郎氏蔵〉

▼清龍商会　世界的なタイヤメーカー・ブリヂストンの源流である日本ゴム（現アサヒコーポレーション）の靴や地下足袋を取り扱っていた。現在はカフェギャラリー結となっていて、奥には、江戸時代、商人の教育に当たった心学講舎「思誠舎」の建物が残っている。〈たつの市龍野町下川原・昭和30年代・提供＝渡部清子氏〉

▲シェル石油のガソリンスタンド　龍野橋東詰付近にあったシェル石油（現昭和シェル石油）の給油所。懐かしい給油機の形である。現在、跡地は空き地となっている。〈たつの市龍野町富永・昭和 30 年代・提供＝渡部清子氏〉

▲立町の商家　古道具を扱った平和堂の店先。帯のれんに「和漢道具商」の文字があるが、右の棟続きの隣家を合わせて「お宿」を経営していたこともあるという。1 階の平格子、2 階の親子格子も趣がある。〈たつの市龍野町立町・昭和 49 年・提供＝室井美千博氏、藤井十郎氏蔵〉

▶竹林に建つ農具小屋　土壁に藁屋根を載せただけの簡素な小屋。中には鋤《すき》や鍬《くわ》などの簡単な農具が入れられ、仕事をする山や田畑の近くに建てられることが多かった。高度経済成長期以前の龍野地域には、このような小屋が点在し、趣のある風景をつくっていた。〈たつの市揖西町長尾・昭和49年・提供＝武内憲章氏〉

▲旧龍野郵便局　明治4年の開設以後、数回の移転を経て、昭和32年10月に川原町よりこの地に新築移転した。龍野図書館の移転・建設に伴い、同53年10月に富永に移転したが、建物の取り壊しは右隣のタバコ店とともに54年9月から始まった。図書館は翌55年4月完成、5月に開館した。〈たつの市龍野町本町・昭和54年・提供＝室井美千博氏、藤井十郎氏蔵〉

▶**新宮郵便局**　明治期に開設された。撮影当時は郵便や貯金業務以外に電信電話業務の取り扱いもあった。この建物は昭和33年に改築されている。〈たつの市新宮町・昭和30年頃・提供＝たつの市〉

◀**国民宿舎「志んぐ荘」**　揖保川畔の緑豊かな山間に建つ宿で、春は花見、夏は鮎狩り、秋は紅葉、冬は温泉と、季節を問わずレジャーを満喫できる。昭和38年の開館から増改築を重ね、同45年に結婚式場ホールなど大規模な改装がなされ、さらに充実した施設となった。〈たつの市新宮町新宮・昭和50年・提供＝武内憲章氏〉

◀サロン・アサヒ　戦前から続いていたカフェーで、ビールなどのアルコール飲料も出していた。店内に入ると壁の一面がガラス張りになっていて、狭い店内を広く見せる工夫がなされていた。この数年後には閉店した。〈たつの市揖保川町山津屋・昭和30年頃・提供＝二井上邦彦氏〉

▼駅前倶楽部　現正條交差点から1本南の交差点に建つ公民館で、写真は南方向を見ている。山陽道の辻でもあり、この頃はまだ、隣に延命地蔵堂もあり気安い雰囲気だったが、交通量が増加し、この後に外柵が設置された。現在右（西）隣には、セイバンの本社がある。〈たつの市揖保川町山津屋・昭和40年代・提供＝二井上邦彦氏〉

◀博愛病院正門玄関　昭和24年1月に開院した私立病院で、同42年5月に改築している。診療科と担当医師の名が看板に表記されている。50年に病院施設が買収され、組合立郡民病院が開設。現在の公立宍粟総合病院である。〈宍粟市山崎町鹿沢・昭和42年頃・提供＝ふるさと宍粟写真集第2集〉

▲**あがた薬局**　正月を迎えた薬局の店頭風景。大看板に書かれた藤沢薬品工業のビタミン製剤「チオクタン」や、店頭に置かれたサトウ製薬のゾウのマスコット「サトちゃん」が懐かしい。〈宍粟市山崎町山崎·昭和 40 年·提供＝あがた薬局〉

◀**山田町の商店街の和菓子店**　和菓子店「荒木菓子舗」の店先でパチリ。子どもは七五三祝いの装束。お菓子を手に満足げなようすである。〈宍粟市山崎町山崎・昭和 38 年・提供＝あがた薬局〉

◀山崎中央商店街の入口にあった山崎町農協本店　手前には神姫バス山崎待合所があり、バスの発着や乗降客で賑わっていた。当時は写真のような狭い道をバスが通っていたものである。〈宍粟市山崎町山崎・昭和38年・提供＝ふるさと宍粟写真集第2集〉

▶兵庫県山崎保健所　昭和35年に旧山崎町役場の南に移転した山崎保健所の外観である。この後、同56年に今宿に移転し、平成22年には龍野健康福祉事務所に統合された。〈宍粟市山崎町鹿沢・昭和40年頃・提供＝ふるさと宍粟写真集第2集〉

◀農村歌舞伎舞台　八重垣神社の境内に建てられている。農村歌舞伎は江戸時代から西日本、特に兵庫県で盛んであった農民の娯楽で、終戦の頃まで村の若者によって演じられていた。多くの村人が観賞を楽しみにしていたという。現在は宍粟市指定文化財として保存されている。〈宍粟市千種町下河野・昭和48年・提供＝武内憲章氏〉

▶斑鳩寺三重塔　創建年代は不明だが、永正15年（1518）大風で大破、享禄3年（1530）再建。戦乱が続く天文10年（1541）に難民小屋から出た火によって全焼。現存する三重塔は高さ24.85メートルで、永禄8年（1565）に再建、宝暦4年（1754）の修理を経て、昭和3年に国宝指定を受けた。同25年、文化財保護法が施行され、国指定重要文化財となる。同年秋から解体修理が始まり27年4月25日竣工、4月26、27日に竣工記念御開帳があった。〈揖保郡太子町鵤・昭和49年・提供＝武内憲章氏〉

▼太子町役場の玄関　昭和26年の太子町発足時、旧石海村役場庁舎を本庁舎として使用していたが、翌年旧斑鳩町役場庁舎に移転した。写真は当時の役場入口である。同30年に新庁舎が完成し、再び移転。以降、この建物は太子町公民館となった。〈揖保郡太子町鵤・昭和28年・提供＝太子町立歴史資料館〉

▶新しく建設された太子町役場　昭和30年、太子町役場の新庁舎が完成した。それまでは旧斑鳩町役場に本庁舎が置かれ、業務を行っていた。〈揖保郡太子町鵤・昭和30年代・提供＝太子町立歴史資料館〉

◀元日の太子町公民館　太子町公民館は、旧斑鳩町公民館を引き継いで使用した。斑鳩町公民館は昭和24年に公布された社会教育法に基づき、同年に開設。青少年及び成人に対する教育活動を目的とし、映画鑑賞会、子ども祭り、各種講習会などの活動が行われていた。この建物はこの後、同30年に太子町公民館別館となる。〈揖保郡太子町鵤・昭和28年・提供＝太子町立歴史資料館〉

▶太子町公民館別館　太子町公民館は、昭和30年に太子町役場新庁舎が完成し、旧庁舎が太子町公民館に転換されたことで、別館となった。太子町は公民館活動に熱心であったため、同30年の時点で太子町公民館、石海、太田、龍田の各分館、そして別館の計5つの公民館が町内にあった。〈揖保郡太子町鵤・昭和30年代・提供＝太子町立歴史資料館〉

フォトコラム

歴史を生き抜く港町・室津

かつて瀬戸内海は日本の大動脈であった。異国船を含め多くの船がヒト、モノ、情報を積んでこの海を行き交った。その東部に開かれた港「室津」は神武天皇の御代以来の要衝で、『播磨国風土記』に「此の泊り風を防ぐこと室の如し」と地名の由来が記されている。「室」のように静かな天然の良港には、風を避け、潮を待つために、何艘もの船が停泊した。江戸時代には北前船をはじめ朝鮮通信使や長崎オランダ商館長の江戸参府の寄港地となり、参勤交代の西国大名が本陣を構えるなど海の宿駅として大いに栄えた。その賑わいは「室津千軒」と呼ばれるほどであった。

今日では残念ながら最多期で六軒を数えた本陣は一つも残っていないが、二軒の豪商の遺構が資料館（室津民俗館、室津海駅館）として保存活用されており、展示物からも当時の繁栄ぶりを知ることができる。幸いにも「室」とよばれた地形は残っており、海と山の豊かな自然と港、そして町屋群の織りなす家並みが、歩くほどに歴史の香りを感じさせてくれる。この香《か》を求めて文人らも多く室津を訪れており、竹久夢二、谷崎潤一郎、司馬遼太郎など、いずれも、この港町に圧倒されている。

ただ、室津は、過去の栄華に頼るばかりの「観光の町」ではない。生き生きとした「漁業の町」でもある。港にはずらりと漁船が並び、早朝いっせいにエンジンの快音をとどろかせて出漁するさまは勇壮そのものである。夕刻、次々と戻ってくる漁船とそれを港で待ちわびる家族たち、船から水揚げした魚を馴れた手つきで種分けする姿。朝の市場のセリと同様に、港に生気が満ちる。また、近年は、カキの養殖も盛んであることを加えておこう。

室津という町は、一見すると、瀬戸内海に面した小さな一漁村のようだが、その懐は深い。平成十八年には水産庁発表の「未来に残したい漁業漁村の歴史文化財百選」にも選ばれている。重みのある歴史とともに、瀬戸内海の美しい風景と海の幸が楽しめるのである。

（柏山泰訓）

▲網船の進水　網船は、真網《まあみ》船（右）と逆網《さかあみ》船（左）と呼ばれる2艘がひと組となり、網を使って漁を行う。昭和30年頃まで、タイ、アジなどを漁獲する縛網漁《しばりあみりょう》の主役であった。その縛網用の網船の進水記念写真である。〈たつの市御津町室津・昭和17年・撮影＝吉村廣夫氏〉

▶賀茂神社と室津の集落　港の南の岬に鎮座する賀茂神社は、室津港の守護神であり、シンボルでもある。湾曲する入江に続き、本瓦葺きの屋根が賀茂神社に向かって連なるのが室津の町並みの特色である。〈たつの市御津町室津・昭和28年頃・提供＝東賢司氏〉

◀室津の集落　集落の東の高台からの眺めである。賀茂神社から先へ張り出すような岬、湾に沿って密集する家々、停泊する船々。天然の入り江であることがわかる。〈たつの市御津町室津・昭和32年頃・提供＝矢野義則氏〉

▲漁協と海岸通り　瀬戸内海の港町の特徴のひとつは、潮の干満にかかわらず船が着岸できるように、雁木《がんぎ》と呼ばれる階段状の船着き場があることである。普通は直線状だが、室津には湾の形に沿って曲線状のものがあった。昭和40年代の埋め立てによって姿を消し、今は見ることができない。海岸沿いの建物は、姫路藩の御茶屋跡に建っていた漁業組合。この場所には同58年に室津センターが建てられた。〈たつの市御津町室津・昭和25年・撮影＝吉村廣夫氏〉

▶新春の室津漁港　室津の漁船は、正月三が日の間、竹に大漁旗などを結び、飾り付ける。ハレの日らしい賑わいと大漁祈願を兼ねた新春の室津港の光景である。〈たつの市御津町室津・昭和47年・提供＝武内憲章氏〉

◀室津梅林と瀬戸内海　室津の梅の植樹は、大正15年、産業経済振興を図るために始まった。昭和10年代には、有数の梅林として近隣の人々に知られるようになった。戦後になると、歴史ある室津と、風光明媚な梅林とが相まって、多くの観光客が訪れた。〈たつの市御津町室津・昭和48年・提供＝武内憲章氏〉

▲和船を改良した流線型網船　昭和10年代半ば頃になると焼玉エンジンが普及していくが、これは、当時としても珍しい外国型焼玉エンジンを搭載した網船の進水記念写真。従来の和船型であるが、舳部分を流線型に改良している。〈たつの市御津町室津・昭和25年・撮影＝吉村廣夫氏〉

▶湊口御番所跡　江戸時代、室津には姫路藩の番所が2つあった。室山城の跡に置かれた遠見番所、港の入口に設けられた湊口番所である。湊口番所には槍などを備えた見張り台があり、室津に出入りする船を終日監視した。明治時代以降は公園となり、東屋やベンチが置かれた。〈たつの市御津町室津・昭和26年・撮影＝吉村廣夫氏〉

◀旧本陣と網船　入母屋屋根に千鳥破風を設けているのが旧本陣の肥後屋である。室津の本陣は海に面していたので、海からの景観にも留意して建てられた。高台に見えるのが室津小学校。幟《のぼり》をあげて停まっている船は網船である。〈たつの市御津町室津・昭和27年・撮影＝吉村廣夫氏〉

▶室津の灯台　室津港の入口に立つ。昭和46年9月14日に点灯された。港の南岸から延びる防波堤の先端にあり、その付近は磯釣り客が集まる場所でもある。〈たつの市御津町室津・昭和50年・提供＝武内憲章氏〉

4 わがまちの出来事

戦後、ＧＨＱ（連合国軍最高司令官総司令部）は日本にさまざまな改革を求め、地方の自治体にも大きな影響を与えた。昭和二十四年のシャウプ勧告を契機として町村合併促進法が制定され、「昭和の大合併」が推し進められた。本書が対象としている地域においても、昭和初年には二町三十二カ村であった自治体は、昭和六十四年には一市八町に減少した。兵庫県では昭和三十七年に阿閇村《あえむら》が改称して播磨町になり、全国に先駆けて県から村は消滅した。

古来、氾濫を繰り返してきた揖保川の治水対策は、当流域の長年の懸案であった。昭和二十八年、水力発電、工業用水の確保等も目的とした引原《ひきはら》ダムの建設が再開され、同三十三年に竣工。ダム湖は流入する渓谷の名にちなみ音水《おんずい》湖と名付けられた。ダム湖に沈み、近くの高台に新築された引原小学校は独創的な円形校舎として評判を呼んだ。

災害を挙げると、昭和五十一年九月、台風十七号と秋雨前線が兵庫県下に大雨を降らせた。揖保川上流の一宮町下三方地区の抜山では大規模な山津波が起き、死者三人、小学校など九つの公共施設と民家四十戸余りが流失という大惨事となった。下流の揖保川町は、馬路川など中小河川の溢水により千戸余が浸水するなどの甚大な被害を受けた。揖保川の水位が上がり排水が不可能になったことによる内水氾濫であったため、その後馬路川に排水機場が建設され、六十三年度に完成した。

鉄道の整備は早く、山陽本線の竜野駅は、明治二十二年にすでに開業しており、現たつの市内の駅は戦前にはすべてつくられていた。姫路を起点とする姫津線（昭和十一年に姫新線に改称）が昭和五年に開業。同六年に余部～東觜崎間が延伸し、七年に播磨新宮駅、九年に千本駅、西栗栖駅が開設された。一方道路は、高度経済成長期に急速に増加した交通渋滞の解消が急務となり、昭和五十年に姫路バイパスが、同六十年に太子竜野バイパスが新設された。このほか五十年に中国自動車道の福崎～美作ＩＣ間が開通、五十七年に山陽自動車道の竜野西（現龍野西）～備前ＩＣ間が開通するなど、道路網の整備は飛躍的に進んだ。

各自治体による企業誘致も積極的に行われた。龍野市では昭和二十八年、工場誘致条例を制定し、四十五年に本条例が廃止されるまでの間に、十の工場が進出している。また太子町では同三十四年、東京芝浦電気（現東芝）姫路工場太子分工場が設置され、町に大きな影響を与えた。

近年では、たつの市、佐用町、上郡町にまたがる丘陵地に造成された学術公園都市・播磨科学公園都市において、大型放射光施設「ＳＰｒｉｎｇ-８」のような世界的な科学技術をはじめ、先端技術・地域技術を生かしたものづくり産業の集積が図られており、今後の展開が期待される。

（盛田賢孝）

◀皇太子ご成婚記念の雛人形
この年の４月10日に皇太子（今上天皇）の「結婚の儀」が執り行われ、全国で祝賀行事が開催された。婚礼に先立ち、斑鳩寺の２月の太子春会式に、ブンセン醤油による皇太子と美智子妃の雛人形が登場。醤油樽に鎮座した人形の横ではブンセンのマスコット「ブン子」が盃を捧げ持つ。ご成婚が世間の耳目を集めていた時期だけに、周りに人だかりができるほど大人気だった。〈揖保郡太子町鵤・昭和34年・提供＝橋本譲氏〉

◀竜野劇場での晴れ舞台 太田村の児童たちが竜野劇場の舞台に立った。「紅葉」などの輪唱曲を歌ったという。〈たつの市龍野町旭町・昭和22年・提供＝太子町立歴史資料館、太田小学校蔵〉

▲龍野町と小宅村の合併①　龍野町と小宅村が共同で新制中学校校舎を建築するという案件がきっかけとなり、町村合併の話が急速に進み、昭和23年4月1日に新たな「龍野町」が発足した。数々の合併祝賀行事が催され、下川原地区の住民は仮装行列に参加し、皆で記念写真を撮った。〈たつの市龍野町下川原・昭和23年・提供＝平田美世子氏〉

▲▶龍野町と小宅村の合併②
戦後の混乱も未だ残る頃だったが、新たな龍野町誕生の朗報に人々は沸き、上の写真のように、パレードの観客もよそ行きの服を着て祝賀行事を華やかに彩っていた。右の写真はパレード参加者の集合写真。〈たつの市龍野町・昭和23年・上：提供＝石原肇夫氏／右：提供＝平田美世子氏〉

◀**プロ野球選手がやって来た**　シーズンオフの２月、当時の有名プロ野球選手数人が山崎町を訪れ、「オール山崎」と対戦した。〈宍粟市山崎町・昭和 23 年・提供＝ふるさと宍粟写真集第２集〉

▲**石海村総合体育大会**　石海中学校の運動場が完成したのを記念して、石海村の体育大会が行われた。石海中学校は昭和 22 年に開校、翌年に校舎が完成している。同 34 年に龍田中学校、揖東中学校と統合され、太子中学校となる。〈揖保郡太子町福地・昭和 24 年・提供＝太子町立歴史資料館、石海小学校蔵〉

▲太田村の運動会　太田小学校で開催された。地区対抗のリレーが行われているのか、観客たちの応援にも熱が入る。背後の木造校舎には、運動会のポスターやプログラム、案内図などが貼られているようだ。〈揖保郡太子町東出・昭和24年・提供＝太子町立歴史資料館、太田小学校蔵〉

◀合併調印式　昭和26年2月、斑鳩町、石海村、太田村の合併調印式が斑鳩寺の聖徳殿で行われた。各町村の議会が合併を可決した同日の午後のことであった。その後、新町名は太子町と決定され、同年の4月1日に発足した。〈揖保郡太子町鵤・昭和26年・提供＝太子町立歴史資料館〉

▶龍野市誕生　昭和26年4月1日、龍野町、揖西村、揖保村、神岡村、誉田村の5カ町村が合併し、龍野市が発足した。写真はその記念祝賀行事でのひとコマ。右上に脇坂氏の家紋・輪違いと賤ヶ岳の七本槍をデザイン化した旧龍野市の市章が見える。〈たつの市・昭和26年・提供＝たつの市〉

▲龍野市発足記念の仮装行列　市内各地で、祝賀のさまざまな催しが行われた。写真は仮装行列に参加した下川原地区の面々である。〈たつの市龍野町下川原・昭和26年・提供＝梶浦文雄氏〉

▲揖保川町町制記念仮装パレード①　半田村、河内村、神部村の３村が合併し揖保川町が誕生。竜野駅前では祝賀のアーチが設置され、子ども行列などさまざまな余興が繰り広げられた。〈たつの市揖保川町黍田・昭和26年・提供＝二井上邦彦氏〉

◀揖保川町町制記念仮装パレード②　写真に撮られるのが嫌なのだろうか、「祝　揖保川町」と記された帽子をかぶっている男性は仏頂面である。奥で行われている余興を一目見ようと、自転車の荷台に危なっかしく立つ少年の姿も見える。〈たつの市揖保川町黍田・昭和26年・提供＝二井上邦彦氏〉

▲**第 26 回衆議院議員選挙①**　衆議院予算委員会で吉田茂首相が「バカヤロー」と発言したことに端を発した、いわゆる「バカヤロー解散」に伴う衆議院議員選挙が、この年の 4 月に行われた。写真は選挙の広報カー。〈揖保郡太子町福地・昭和 28 年・提供＝太子町立歴史資料館〉

▲**第 26 回衆議院議員選挙②**　4 月に第 26 回衆議院議員選挙が行われた際に撮影された、太子町内の投票所のようす。〈揖保郡太子町・昭和 28 年・提供＝太子町立歴史資料館〉

▲うすくち醤油のキャンペーン　寛文年間に誕生し、長い歴史の中で育まれて龍野を代表する特産品となった「淡口《うすくち》醤油」。「ミス龍野うすくち醤油」に選ばれた女性たちが、京阪神でキャンペーンを行い、淡口醤油周知の一翼を担った。〈たつの市・昭和 28 年・提供＝たつの市〉

▶地域の運動会　揖保川町の馬場地区では、地域を挙げての運動会が行われていた。中央に立てられているポールには万国旗がかけられている。傘を使った競技の最中だろうか。参加する女性のほとんどが割烹《かっぽう》着姿である。〈たつの市揖保川町馬場・昭和 30 年頃・提供＝芦谷正勝氏〉

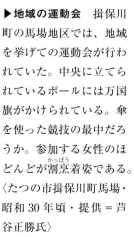

▶NHKラジオ体操開催　昭和26年、現在まで続く新しいラジオ体操の放送が開始され、同28年から夏期巡回ラジオ体操が始まった。写真は開催会場となった山崎中学校の校庭。同校は昭和59年、菅野中学校と統合されて山崎西中学校となったため閉校。その跡地には山崎文化会館が建設された。〈宍粟市山崎町鹿沢・昭和30年頃・提供＝ふるさと宍粟写真集第2集〉

◀第11回国民体育大会（兵庫国体）秋季大会　全競技を兵庫県下15会場に分散し、龍野市では龍野高校体育館でフェンシング競技大会を開催。市始まって以来の全国規模の大会に市民は大いに沸き、この機に道路整備なども進められた。〈たつの市龍野町日山・昭和31年・提供＝石原肇夫氏〉

▶大会旗が山崎町を通過　第11回国体の大会旗が山崎から城下方面へリレーで送られている。〈宍粟市山崎町中井・昭和31年・提供＝山崎歴史郷土館〉

▲新宮町の合併５周年記念　西栗栖村、東栗栖村、香島村、越部村、新宮町が合併し新たな新宮町が発足して５周年を迎えたこの年、新宮町役場新庁舎が完成した。記念行事のひとつ、商工会による忠臣蔵パレードが行われた際には、見物客のために新庁舎の屋上が開放された。〈たつの市新宮町新宮・昭和31年・提供＝たつの市〉

▶一宮町の合併　昭和31年４月１日、まず神戸村、染河内村、下三方村の３カ村が合併して一宮町が誕生し、さらに同年９月30日、三方村、繁盛村も同町に合併することとなった。写真は、合併時の曲里地区でのようすである。〈宍粟市一宮町安積・昭和31年・提供＝追憶ふるさと宍粟写真集〉

◀元誓寺の鐘曳き　太平洋戦争中、兵器の製造に必要な金属資源の不足を補うため金属類が回収され、元誓寺の梵鐘も供出された。写真は戦後、再鋳造された鐘を設置した際、鐘曳きを奉仕した子どもたち。〈たつの市揖保川町馬場・昭和 31 年・提供＝芦谷正勝氏〉

▶河内地区対抗ソフトボール大会優勝記念　当時、旧河内村では地区対抗のソフトボール大会を行っていた。写真は馬場地区が優勝した時の記念写真。立派な優勝旗を囲み、誇らしげな少年たち。〈たつの市揖保川町馬場・昭和 31 年・提供＝芦谷正勝氏〉

◀三方村の村民運動会中学生の部　小学校に隣接する三方中学校生徒の組体操のようす。かつての運動会は村民総出の一大行事で、盛大に行われていた。小学生は、中学生の演技に憧れを抱いたものである。〈宍粟市一宮町三方町・昭和31年・提供＝進藤光昭氏〉

▶**引原《ひきはら》ダムの建設**　揖保川水系の引原川に治水と水力発電を目的に計画された引原ダムの建設工事現場である。工事は昭和16年に着手されたが、戦況の悪化に伴い中断。戦後の同28年に再開され、33年に完成した。〈宍粟市波賀町・昭和30年代・提供＝ふるさと宍粟写真集第2集〉

◀**女性作業員たち**　引原ダム付近のバス停で撮影されたひとコマ。〈宍粟市波賀町・昭和30年代・提供＝ふるさと宍粟写真集第2集〉

▶**引原ダムの排水口**　正式には減勢工という。ダム工事半ばの時期に撮影された一枚。すでに堰堤は完成して水溜がなされているのだろうか。地盤は砂岩、頁岩の互層で、この地層は長源寺の下辺りの山に露出している。別の水路から流れた水はすぐ下流にある関西電力の原《はら》発電所で利用され、出力約5,000キロワットの能力を持つ。〈宍粟市波賀町日ノ原・昭和30年代・提供＝米澤充氏〉

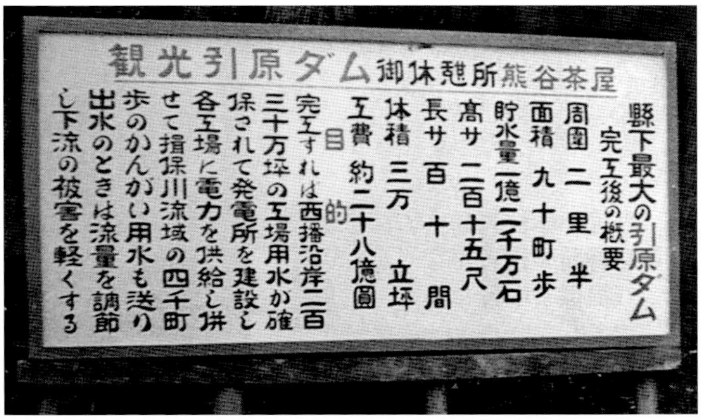

◀**引原ダムの案内看板**　施工者である熊谷組の休憩所入口に設置されていた看板。〈宍粟市波賀町・昭和30年代・提供＝ふるさと宍粟写真集第2集〉

▲◀▼渡来銭の入った壷を発掘　山崎町初の簡易水道掘削工事の作業中に、神河中学校前で壷が発掘された。上の写真はその瞬間の一枚。左の写真は掘り出された壷で、中には唐の時代からの物を含めた渡来銭がぎっしり詰められ、表面近くの物は紐で通されたとぐろ状になっていた。壷は備前焼で、室町時代の物とされる。この壷は、写真提供者自身がオート三輪に載せて警察へ運んだという。下の写真は現在の野々上営農センター公民館付近で、工事に参加した地元作業員たちが手作りの甘酒で休息しているところ。左奥に見える火の見櫓は現存している。〈上・中：宍粟市山崎町岸田／下：宍粟市山崎町野々上・昭和35年・提供＝上谷昭夫氏〉

▲奉祝パレードの仮装トラック　４月に皇太子（今上天皇）と美智子妃のご成婚記念行事として龍野商工会議所がパレードを行い、ブンセン醤油のトラックも参加した。トラックには堂々たる「大ダイ」の大看板が飾られ、播州路を闊歩。道行く人々の喝采を浴びたという。〈たつの市新宮町・昭和 34 年・提供＝橋本譲氏〉

▲千種町の大水害　昭和 38 年７月、千種町は未曾有の大水害に襲われた。10 日夜から降り続いた雨は翌日まで降り続き、千種川や岩野辺川が決壊。千種川本流に架かる橋はすべて流失し、辺り一面が冠水した。水が引くまで数日を要したという。写真は流されて来た材木などで真西《しんさい》橋の橋げたが詰まり、川がせき止められているようす。〈宍粟市千種町千草・昭和 38 年・提供＝追憶ふるさと宍粟写真集〉

◀頌徳碑と寮歌碑建立　旧制第一高等学校の寮歌「嗚呼玉杯」の作詞で名高い、矢野勘治の頌徳碑及び寮歌の碑が龍野公園内に建立された日に撮影された一枚。石碑中央、頌徳碑の題字は旧制一高の同級生だった吉田茂元首相の揮毫によるものである。龍野公園内には「童謡」「哲学」「文学」と銘打った小径があり、それぞれに関連した多くの碑が建てられている。〈たつの市龍野町下霞城・昭和38年・提供＝たつの市〉

▶赤とんぼ歌碑の除幕　童謡「赤とんぼ」の作詞などで知られる、近代日本を代表する詩人・三木露風は、旧龍野町の出身である。三木が交通事故で急逝した翌年、「赤とんぼの碑」が龍野公園内に建立され、除幕式が行われた。写真は、なか夫人による除幕のようす。〈たつの市龍野町中霞城・昭和40年・提供＝たつの市〉

◀横綱土俵入り　昭和40年、龍野公園内に位置し、相撲（角力）の神とされる野見《のみの》宿禰《すくね》を祀る野見宿禰神社の春まつりと同日に、大相撲が行われて大いに賑わった。写真は横綱柏戸の土俵入り。〈たつの市龍野町・昭和40年・提供＝たつの市〉

▶千種町民大運動会　千種南小学校の校庭で開催された千種町民運動会の光景。運動会は町を上げての一大イベントであり、多くの参加者で盛り上がった。〈宍粟市千種町千草・昭和42年頃・提供＝太子町立歴史資料館、太田小学校蔵〉

◀20年ぶりの大雪の旭町　龍野では珍しい大雪。ご近所同士で雪かきをするなか、子どもも長靴を履いてお手伝い。格子戸、板張りの伝統的家屋が続く町並みの雪の日の風景である。〈たつの市龍野町上川原・昭和43年・提供＝楠由紀子氏〉

▶東山公園橋の渡り初め式　東山公園の傍を流れる揖保川に全長159メートルの大きな吊り橋が架けられ、渡り初め式が行われた。同園一帯は、現在も地域を代表する観光スポットとなっている。〈たつの市新宮町新宮・昭和43年・提供＝冨田耕三氏〉

▲馬場賀茂神社が竣工　馬場賀茂神社が竣工した記念に開催された祝賀演芸大会のようす。〈たつの市揖保川町馬場・昭和46年・提供＝吉田斉氏〉

▲西サモア元首が山崎町を訪問　西サモア（現サモア独立国）に谷口製材所（現マルタニ）が工場進出していた関係で、国賓として来日した元首が山崎町を訪れた。写真は願寿寺で開催された歓迎会での一枚。前列左端が谷口社長、一人おいて元首である。当日は社長宅で宿泊されたという。〈宍粟市山崎町須賀沢・昭和51年・提供＝冨田耕三氏〉

▲▼市民俳句大会　龍野は俳句の盛んな土地柄である。大正 9 年に発刊の俳誌『いひほ』は 30 年間続き、廃刊後も俳句活動は活発で、龍野地区だけで 10 余の俳句グループがあった。第 1 回市民俳句大会の講師には当時の『ホトトギス』の主宰で高浜虚子の実子である俳人・高浜年尾を、第 3 回には虚子の孫にあたる俳人・稲畑汀子を招いた。その時稲畑汀子が詠んだ句「冬になほ　龍野の紅葉　心惹く」の句碑は聚遠亭内にある。参加者も 200 名を超える年があるなど活況を呈したが、平成 24 年の第 39 回が最後の大会となった。上の写真は龍野神社石段で撮影された第 1 回大会の記念写真。下は第 3 回大会で中央の女性が稲畑汀子である。萩が咲く聚遠亭にて。〈たつの市龍野町中霞城・上：昭和 49 年／下：昭和 51 年・提供＝巖孝代氏〉

▲▼揖保川町を襲った未曽有の大水害　昭和51年9月8日〜13日にかけて台風17号とそれにともなう秋雨前線は、西日本に大雨を降らせ、床上浸水637戸、床下浸水440戸、田畑の冠水389ヘクタール、山崩れ37カ所、道路破損6カ所、河川決壊7カ所、水路等90カ所という甚大な被害をもたらした。町域の約50パーセントの家屋が浸水し、被害総額は16億円余りであったという。樋門を閉めたために起きた馬路川の内水氾濫が原因であった。上の写真は竜野駅前通り（旧山陽道）、急きょ設置された脚立に「自動車通行止」の立て札、中央に傘を差した住民の姿が見える。下の写真は田や道路が完全に水没しているひばりが丘と青葉台付近の状況。上部は当時神部小学校があった神戸山、その右手は原の集落、その手前を左右に延びているのは山陽本線と国道2号。〈たつの市揖保川町・昭和51年・提供＝柴原さとみ氏〉

▶馬路川の改修工事　元は幅4メートルほどの小さな川であった馬路川は、少しの長雨でも川が氾濫し、そのたびに復旧、改修工事が進められてきた。この馬路川のほか前川、瀬戸川などの中小河川は、川床が本流の揖保川よりも低く、降雨時は揖保川からの逆流現象を防ぐ樋門が閉めきられるため、度々内水氾濫が起きていた。昭和51年の大水害を受けて、同54年に馬路川改修と共に毎秒5トンの排水ポンプの設置工事が着手され、57年に通水式が行われた。また後に、排水の増設も行われている。上の写真は黍田橋架橋前の馬路川で、写真奥に小さく見えるのが、かつての黍田橋。幅は1.7メートルで、一般歩行者や農耕用であった。下の写真は排水の増設工事風景。〈上：たつの市揖保川町黍田・昭和50年代・提供＝柴原さとみ氏／下：たつの市揖保川町正條・昭和60年代・提供＝柴原さとみ氏〉

◀完成した三枚橋　馬路川改修の中でも三枚橋の架け替え工事は大工事であった。付け替え後、長さ27メートル、幅5メートルの新しい橋になった。〈たつの市揖保川町黍田・昭和52年・提供＝柴原さとみ氏〉

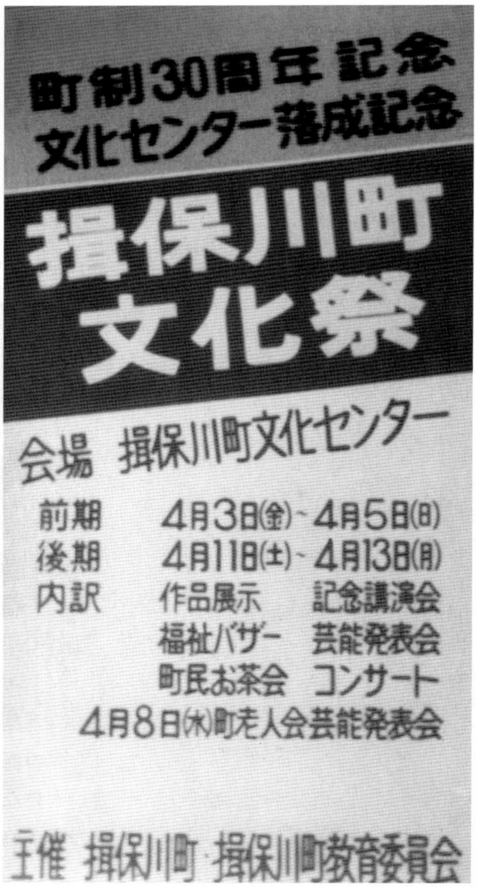

▲◀揖保川文化センターの落成　揖保川町民の文化活動の拠点として、移転した神部小学校の跡地に建てられた。1階には事務室をはじめ和室の茶華道教室、講座室、トレーニングルーム、作法室、2階はホール、会議室、図書室などが設けられた。昭和59年には隣にスポーツセンターも完成している。町制30周年記念の年の出来事である。〈たつの市揖保川町黍田・昭和56年・提供＝柴原さとみ氏〉

▲「聖宝殿」落慶開扉法要の稚児行列　太子町発足30周年記念行事の一環として、午前中に斑鳩寺で宝物収蔵庫「聖宝殿」の開扉式が行われた。午後からは500人の大稚児行列、平方地区のお幡入れ・法伝哉、竹広・沼田地区の獅子舞、柴燈大護摩供などが催された。写真奥の方に稚児たちの姿が見える。なお、聖宝殿は昭和54年7月に竣工していたが、乾燥などのため、2年以上の期間があいた。この日、87年ぶりに東京・京都の国立博物館から帰ってきた国指定重要文化財の仏像や掛軸などが一般公開された。〈揖保郡太子町鵤・昭和56年・提供＝武内憲章氏〉

▲斑鳩寺で獅子舞を披露　太子町発足30周年記念行事の一環として竹広地区とともに披露された沼田地区の獅子舞。立岡地区から伝わった獅子舞であるが、竹広地区と同じく伊勢大神楽系の二人立ち獅子舞で、笛や太鼓などに合わせて舞い、余興芸としての要素もある。また、同日に商工会協賛の青空市場が斑鳩寺境内で、婦人会協賛の茶華道発表会が斑鳩公民館で開かれていた。〈揖保郡太子町鵤・昭和56年・提供＝武内憲章氏〉

▲▶**龍野市成人祝賀式**　龍野市民会館で行われた。上の写真の、左の建物には大ホールがあり、右の建物は会議や結婚式にも利用された。市民会館の東側には龍野市役所庁舎があり、西側には市立体育館があった。城下町の面影を残す川西の龍野地区から川東へ、昭和47年に完成した新庁舎をはじめ官公庁の移転が相次いで行われた。新成人の華やかな振り袖姿は今とあまり変わらない。〈たつの市龍野町富永・昭和57年・提供＝武内憲章氏〉

▲渇水で出現した引原村の集落　引原ダムの建設で湖底に沈んだ引原村を懐かしんで人々が訪れている。元引原小学校の校門や妙見橋が現れ、田んぼの石垣も悠然と残っている。ダム完成後、水に浸かって最初に枯れたのは竹藪だったという。写真中央の高台に移転された長源寺が見える。建設当時の阪本勝県知事が詠んだ『すすむ世の　ためとてあはれ　さゝなみの　そこに消えぬる　引原の里』の歌碑がダム堰堤の西に今もある。〈宍粟市波賀町引原・昭和61年・提供＝志水出吾氏〉

▲西播磨テクノポリス（播磨科学公園都市）の建設　昭和60年、新宮町、三日月町（現佐用町）、上郡町の三町にまたがる丘陵地帯を21世紀型学術公園都市に開発する計画が国に承認され、翌61年10月1日、西播磨テクノポリス新都市建設起工式が行われた。〈昭和61年・提供＝たつの市〉

フォトコラム

東京オリンピック1964 聖火リレー

古代オリンピック発祥の地、ギリシャのオリンピアで採った火をトーチリレーでオリンピック会場まで運ぶ「聖火リレー」は、昭和十一年のベルリン大会から始まっている。

昭和三十九年の東京オリンピックの聖火は、同年八月二十一日にオリンピアで採火され、聖火空輸特別機で太平洋戦争の戦地となったアジア諸国を経由して、平和の祭典を印象づけ、九月七日に沖縄に到着した。その後、聖火は九月九日に空路で鹿児島、宮崎、千歳に運ばれ、三つの地点から四つのコースに分かれて（北海道からは二コースが出発）全道府県を経由するべく東京を目指した。

当地域においては、九月二十三日十四時に船坂山隧道東口の国道二号上で岡山県から兵庫県に受け継がれた聖火を、相生市境で十五時五十一分に引き継ぎ、揖保川町三区間（19・20・21区）、龍野市揖保町二区間（22・23区）、太子町四区間（24・25・26・27区）をリレーした。当時の各自治体の広報紙によるルートの詳細は以下の通りである。

19区　相生市境（15時51分引き継ぎ）～大門停留所　1キロ
20区　大門停留所～竜野駅裏　1.3キロ
21区　竜野駅裏～正条橋東詰　0.9キロ
22区　正条橋東詰（16時07分）～揖保小学校前　1.6キロ
23区　揖保小学校前（16時16分）～誉鳩橋東詰　1.7キロ
24区　誉鳩橋東詰（16時22分出発）～太子町役場前
25区　太子町役場前（16時30分出発）～太田小学校前
26区　太田小学校前（16時40分出発）～原坂新旧国道分岐点
27区　原坂新旧分岐点（16時48分出発）～姫路市境青山ゴルフ場前

時刻・距離が記されていないところもあるが、引き継ぎ時間を一分とみて、一キロメートルを約五分で走るように設定されているようである。23区は、時間からすれば区間距離はもっと短いのではないだろうか。

いずれの区間も沿道は多くの見物人で埋まった。本誌に掲載された写真からも人々の高揚感が伝わってくる。

（室井美千博）

▲**25区の聖火ランナー**　当時の太子町役場前で聖火を受け取った25区のランナーが走る。ランナー後方の建物は2棟あり、手前の建物には「大和紙器」の文字があるのだが、聖火の白煙に隠れている。沿道は鈴なりの人であり、聖火リレー走者という大役にランナーはかなり緊張したという。〈揖保郡太子町東保・昭和39年・提供＝太子町立歴史資料館、桑名敏朗氏蔵〉

▲**25 区出発地点**　当時の太子町役場前で 24 区の聖火の到着を待つ 25 区のランナー。背後の建物は播磨信用金庫（現兵庫信用金庫）である。道路以外にも、窓やバルコニー、写真右側の倉庫のような建物の上にも人の姿が見える。〈揖保郡太子町鵤・昭和 39 年・提供＝室井美千博氏〉

▶**第 27 区受渡地点**　国道 2 号（現 179 号）と旧山陽道の分岐点に設置された立看板。27 区の出発予定時刻が 16 時 48 分であるため、写真の「16 時 47 分」とは到着時刻であろう。聖火の受け渡しは 1 分と設定されていたようだ。〈揖保郡太子町原・昭和 39 年・提供＝太子町立歴史資料館、太田小学校蔵〉

▲揖保中学校で行われた壮行会　龍野市揖保地区を通る聖火は、国道２号に沿って正条橋東詰から揖保小学校前、そしてそこから誉鳩橋までの区間で受け継がれた。聖火リレーの正走者には揖保中学校出身の姫路南高校バレー部員、随走者には後輩の揖保中学校バレー部員が中心となり選ばれたという。上は揖保中学校での壮行会のようす。下は同校の正面玄関前で撮影された記念写真。この他にも龍野市主催の壮行会が国民宿舎・赤とんぼ荘で行われたという。〈たつの市揖保町西構・昭和39年・提供＝徳永耕造氏〉

▶揖保川町内の国道2号を行く聖火リレーの随走者たち 五輪が描かれた小旗を持って聖火リレー正副走者の後ろを走る随走者の横には、ホイッスルを口にした白バイ隊員。右に写る材木店の七松は移転し、現在この場所にはマンションが建っている。〈たつの市揖保川町神戸北山・昭和39年・提供＝二井上邦彦氏〉

▲太子町での参加者の記念写真　聖火リレー当日、太子町役場庁舎南側で撮影。最前列に太子町長や学校長らをはじめ関係役員、職員などが並んでいる。2列目は24区、3列目は25区、4列目は26区、5列目は27区の聖火ランナーであり、各区とも正走者1人、副走者2人、随走者20人であった。〈揖保郡太子町鵤・昭和39年・提供＝太子町立歴史資料館、開発轟氏蔵〉

▶オリンピック記念運動会　東京オリンピックに先立って、9月27日に太田小学校で運動会が開催された。国旗掲揚台が立っているのは運動場北辺のほぼ中央で、右手の坂を上ると本館玄関前。運動会開始に際しての国旗掲揚をしているところ。〈揖保郡太子町東出・昭和39年・提供＝太子町立歴史資料館、太田小学校蔵〉

▼オリンピック記念運動会の玉入れ　運動場を北から見ている。前方の山は檀特山。校門の右側の生垣はイブキであるが、以前はポプラであったと伝わっている。校門のすぐ前の道路は旧国道（旧山陽道）。その奥が国道2号で、聖火リレーの受渡地点はここから左（東）へ70メートルほどのところであった。〈揖保郡太子町東出・昭和39年・提供＝太子町立歴史資料館、太田小学校蔵〉

5 戦後の暮らしとスナップ

本章では地域の人々が日常のなかで撮りためた身近な風景を集めた。写っているのは、家族や親戚、近所の家並み、子どもの運動会、地元の消防団などで、ほかに年末の餅つきや嫁入り道具の披露、たらいでの洗濯、近所の住人総出で行う屋根の葺き替えなど、近年はほとんど見られなくなってしまったもの。それに混じって海水浴やスキー、ボウリングといった余暇のひとコマがある。

こうして見てみると当時、地域の人々同士の繋がりがいかに大切にされていたかが、よくわかる。町内、学区、婦人会での親睦会や講習会、夏祭り、朝のラジオ体操、素人芝居など、地域活動や近所付き合いは当たり前のことであった。

人の人生の節目としての儀礼である婚礼と葬式を見てみよう。両家の見合いを経て婚約を済ませた花嫁は、婚儀の日、仲人の介添えで生家を出て、親類、親族とともに嫁ぎ先である新郎宅に向かう。そこで式を挙げることで、新郎の親戚や地縁の人々に紹介されてその家や集落の一員となったのである。葬式も、故人の家で執り行われることが多かった。棺は遺族らが座敷から運び出し、松明や供花、供え膳を手にした人々に守られて墓地へ向かった。野辺送りと呼ばれる葬列である。

高度経済成長期に入ると、人々の暮らしは大きく変わった。特に白黒テレビ、洗濯機、冷蔵庫の「三種の神器」に代表される家電製品は、主婦を家事の重労働から解放する道具であり、また豊かな生活の象徴でもあった。はじめて茶の間に現れたテレビの画面に子どもたちの目は釘付けになった。

やがて「新三種の神器」という言葉が、企業の広告や新聞の見出しに躍った。カラーテレビ、クーラー、カー（自動車）を指すいわゆる「３Ｃ」である。特に自動車は、メーカーの量産体制による低価格化と、個人所得の上昇とが相まって庶民にも手の届くものとなり、運転免許の保有者も年々増えた。

老舗が軒を連ねて城下町の面影を残し、近隣の中核となってきた龍野町下川原の商店街には昭和三十七年、フタギ（のちのジャスコ）が開店するが、数年後には買い物客の駐車場が確保できないことなどを理由に揖保川東の龍野町堂本に新店舗の展開を決める。買い物客もマイカーを使う時代になったのである。地元の商店もこれに対応して堂本にショッピングセンターを造り、こうして揖保川の東側にスーパーと専門店が結びついた新しい商店街ができる。さらに同四十八年、国道一七九号南に大手スーパー・ダイエーが開店し、田畑が広がるのどかな地域に新しい商業地域が広がり出すと、その景観も大きく変わることとなった。

▲駐留アメリカ軍兵士と　戦争が終わって間もない頃、フレンドリーな駐留アメリカ軍兵士と龍野中学校や龍野商業学校の生徒らが記念撮影をした。中央のメガネの人物は通訳担当者。場所は粒坐天照神社付近と思われる。〈たつの市龍野町日山・昭和21年頃・提供＝角倉吉彦氏〉

▶**父の帰国を祝って**　終戦後、無線技師を務めていた写真提供者の父が台湾から無事帰還した記念に撮影した家族写真である。盛装と安堵の表情が戦争の終わりを物語る。〈宍粟市山崎町門前・昭和21年・提供＝清水佳美氏〉

◀**たらいで洗濯**　電気洗濯機が登場するまでは、たらいと洗濯板が使われていた。子守りをしながらの労働は大変そうだが、当たり前のことでもあった。洗濯する母親を見つめる幼子。長く影の伸びる晴天の朝、ほのぼのとした懐かしい光景である。〈昭和20年代・提供＝平田美世子氏〉

▶**ステレオとレコード**　女性の後ろにはアンサンブル型ステレオ。プレーヤーとスピーカーが一体化し、当時大人気だった。畳の上のレコードはドーナツ盤である。その左に写るレコードジャケットは昭和34年にヒットした「悲しき少年兵」のもの。この女性は歌手を目指していたという。〈宍粟市波賀町谷・昭和34年頃・提供＝米澤充氏〉

▶「七並べ」 大人から子どもまで世代を問わずに楽しめるトランプ遊びのひとつ。トランプ遊びは人々の親睦に欠かせないもので、家族や友達と行った。また、修学旅行先などで楽しめる手軽な娯楽の定番でもあった。ゲームやインターネット、スマートフォンなどが普及した昨今との違いを感じさせる光景である。〈たつの市龍野町下川原・昭和27年頃・提供＝平田美世子氏〉

▲テレビに釘付け 昭和39年の東京オリンピック開催を機に一般家庭にテレビが一気に普及した。このテレビのチャンネルはダイヤル式だが、型は家具調である。扇風機も当時を感じさせる。〈たつの市龍野町上川原・昭和45年頃・提供＝楠由紀子氏〉

▲▼年末の街角での餅つき　年末になると山崎町内では「賃づき」といって依頼人の家や店へ出向き、軒先で餅つきをしていた。数人がひと組になって餅をついて回る年末の風景。〈上：宍粟市山崎町・昭和20年代・提供＝山崎歴史郷土館／下：宍粟市山崎町山崎・昭和45年・提供＝あがた薬局〉

▲商店街で羽根突き　お正月、店を閉じた静かな山田町の商店街は子ども天国。路上で伝統的なお正月遊びのひとつである羽根突きに興じる女の子たち。〈宍粟市山崎町山崎・昭和44年・提供＝あがた薬局〉

▲ブンセンの新年会　醤油の醸造・販売に始まり、この頃は塩吹昆布で有名になっていた鳳商店の工場内で行われた新年会のひとコマ。ブンセンは当初、醤油に付けた名称だったが、鳳商店の通称となっていた。皇太子ご成婚を控え、社内の雰囲気は明るく景気も上向いていた。こうしたスナップからも、そんな晴れやかさがうかがえる。〈たつの市新宮町新宮・昭和34年・提供＝橋本譲氏〉

▶除雪作業　一輪車を使って除雪作業をしているようす。旧宍粟郡の中でも波賀町は降雪量の多い地域である。〈宍粟市波賀町・昭和50年・提供＝武内憲章氏〉

▲夏の日のひとときき　関西電力神野発電所社宅でスイカを頬張る家族。夏の暑い日、甘いスイカは最高に美味しく、シャキッとした冷たい歯ざわりは格別だったろう。子どもたちの元気な笑顔が印象的な一枚。〈宍粟市山崎町清野・昭和 42 年頃・提供＝米澤充氏〉

▶茅葺屋根の葺き替え　当時の民家の多くは茅葺屋根で、葺き替え作業は近隣総出で行った。〈宍粟市千種町・昭和 40 年頃・提供＝ふるさと宍粟写真集第 2 集〉

▲干し柿作り　農家はもちろん、柿の木がある家では、皮をむいた渋柿を軒先などに吊るして干し柿を作った。細い竹串に複数の柿を刺して干す「串柿」、柿を直接ひもに結び付けて干す「吊るし柿」の両方が見える。秋の風物詩である。〈たつの市・昭和 50 年・提供＝武内憲章氏〉

▲柿ちぎり　柿が実る時期になると、あちこちで柿ちぎり（柿採り）をするようすが見られる。採った柿は甘柿と干し柿用の渋柿に選り分ける。その場で食べる熟した柿の味はまた、格別である。〈たつの市揖保町中臣・昭和 42 年・提供＝武内憲章氏〉

▲嫁入りする娘　花嫁が仲人の介添えで、家から迎えの車まで歩いて行く。後に続く親族ともども太子町の婚家で催される婚礼の宴に臨んだ。近所の人々も見送る門出のようすである。沢田集会所付近にて。〈たつの市神岡町沢田・昭和44年・提供＝土井勝憲氏〉

▶嫁入り道具の荷出し
嫁入り道具は結婚式までに嫁ぎ先へ送る慣習であった。積み込みの手伝いに来た親戚たちが荷を載せたトラックを背に記念撮影。「寿」の幌、紅白の紐を掛け、出立するハレの日の光景である。〈たつの市神岡町沢田・昭和44年頃・提供＝土井勝憲氏〉

▲野辺送り①　皆木地区は国道 29 号（因幡街道）に面した集落で、稲刈りが済み、畦豆（大豆）も引き抜いて干してある。葬列の先頭は供花を手にした隣保長で、次に僧侶、位牌や写真を持った親族が続き、4 人で担ぐ輿の後ろは地縁者など親族より縁の薄い人々である。輿には縦型（座式）の棺桶が納められており、当時は土葬であった。〈宍粟市波賀町皆木・昭和 30 年代・提供＝米澤充氏〉

▲野辺送り②　この近くの神福寺は真言宗の寺で伊和神社の神宮寺だったといわれる。この檀家であろう、神福寺に向かう長い葬列である。〈宍粟市一宮町伊和・昭和 20 年代前半・提供＝中村巌氏〉

◀**出棺のとき**　棺を立派な輿に納め、出立するようす。「イロ」と称する白衣を着用し、故人に縁のある者が棺を担いだ。出棺の際は座敷（縁側）から出すこととされていた。〈たつの市揖保川町・昭和51年・提供＝吉田斉氏〉

▲**墓地での葬儀**　棺を納めた立派な輿、読経する大勢の僧侶たち。この地域では昭和40年以前、規模の大小はあっても一般的に見られた葬儀の風景である。故人と縁ある人々が僧侶に葬儀を依頼することを本地域では「フギンダチ」と言い、広く行われていた風習であった。〈たつの市揖保川町馬場・昭和51年・提供＝吉田斉氏〉

▲龍野の夜桜見物 「龍野の桜」は、昭和11年にはぼんぼりが数百灯され、「不夜城の盛観」を成していた。また鉄道省が観桜の臨時列車を増発するなど「関西第一の折り紙」を付けられるほどであったという。〈たつの市龍野町中霞城・昭和25年頃・提供＝平田美世子氏〉

▶龍野公園の花見客 龍野公園は兵庫県下でも有数の桜の名所である。昭和26年には市制施行を記念してぼんぼりが設置された。現在も春になると多くの花見客が訪れる。〈たつの市龍野町中霞城・昭和45年・提供＝武内憲章氏〉

▲春の龍野公園　満開の桜を尻目に、ビニール製の空気人形が並んだ露店の前で、小さな女の子がどれにしようか迷っているようだ。昭和47年の日中国交正常化を記念して中国から贈られたジャイアントパンダのカンカンとランランが日本中にブームを巻き起こしていた頃のこと、パンダをモチーフにした商品が数多く並んでいる。〈たつの市龍野町下霞城・昭和49年・提供＝武内憲章氏〉

▲龍野公園動物園　興味深げにサル舎に群がる子どもたち。同園は龍野公園の中にあり、入園無料の小ぢんまりとした動物園である。昭和29年の開園から半世紀余を経た今も市民に親しまれている。〈たつの市龍野町下霞城・昭和49年・提供＝武内憲章氏〉

▶土曜夜店の下川原商店街①　下川原商店街では、夏休みになると土曜夜店が始められた。週替わりで仮装行列、お化け屋敷などの出し物があり、子どもたちはもちろん、老若男女を楽しませた。写真はその催しのひとつ、阿波踊りの練習風景である。当初は1と6のつく日に行われ、一六夜店と呼ばれたが、次第に毎週土曜に開かれるようになったという。〈たつの市龍野町下川原・昭和43年・提供＝高島俊一氏〉

▼土曜夜店の下川原商店街②　人混みを縫って、練習の成果を披露する阿波踊りの一行。浴衣姿の子どもがじっと見つめる。〈たつの市龍野町下川原・昭和43年・提供＝平田美世子氏〉

◀▼赤とんぼ広場の夜店　龍野にダイエー竜野店（現イオン竜野店）が開業したのは昭和48年。その翌年、地元専門店で形成する商店街「赤とんぼ一番街」がオープンした。国道179号を挟んで北側には龍野ショッピングセンターがあり、その中にジャスコ竜野店もできた。一大商業施設が誕生し、界隈は龍野の新市街地となったのである。赤とんぼ一番街では夏になると広場で夜店が開かれ、交通の利便も手伝って賑わいをみせた。〈たつの市龍野町堂本・昭和54年・提供＝武内憲章氏〉

▼龍野市の植木市　太子町鵤の斑鳩寺で毎年2月22、23日に行われる春会式（聖徳太子の縁日法要）に併せて植木市・金物市が開催され、その後に龍野市でも同様の植木市が開かれることが通例であった。人気も高く、担当者は寝ずの番をしたという。太子町ばかりでなく龍野の冬の風物詩でもあった。中川原グラウンドで撮影。〈たつの市龍野町富永・昭和53年・提供＝武内憲章氏〉

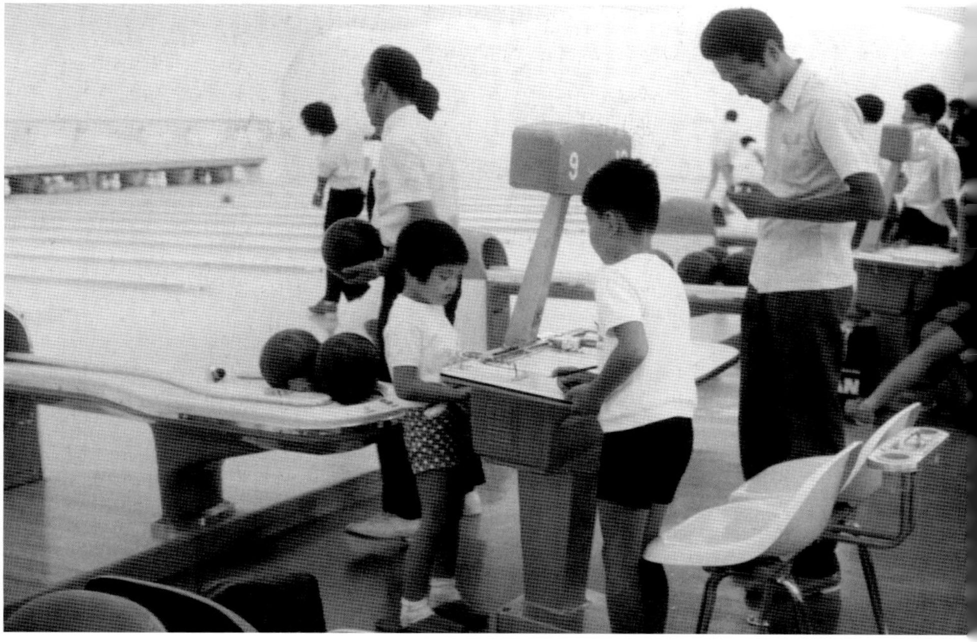

▶家族でボウリング　昭和40年代半ば頃、ボウリング・ブームが到来し、龍野市にもケーカンボウルという名称のボウリング場ができた。龍野新大橋の西詰め北にあり、最盛期には「2時間待ち」ということも普通だった。この場所は現在住宅地となり、当時を偲ばせるものは何もない。〈たつの市龍野町日山・昭和46年・提供＝楠由紀子氏〉

◀運動会の応援席　小学校の運動会は、参加する児童はもちろん、小さな子どもからお年寄りまで家族みんなが心待ちにしていたものだった。写真は龍野小学校での光景。ママさんカメラマンが最前列を陣取っている。〈たつの市龍野町上霞城・昭和43年・提供＝楠由紀子氏〉

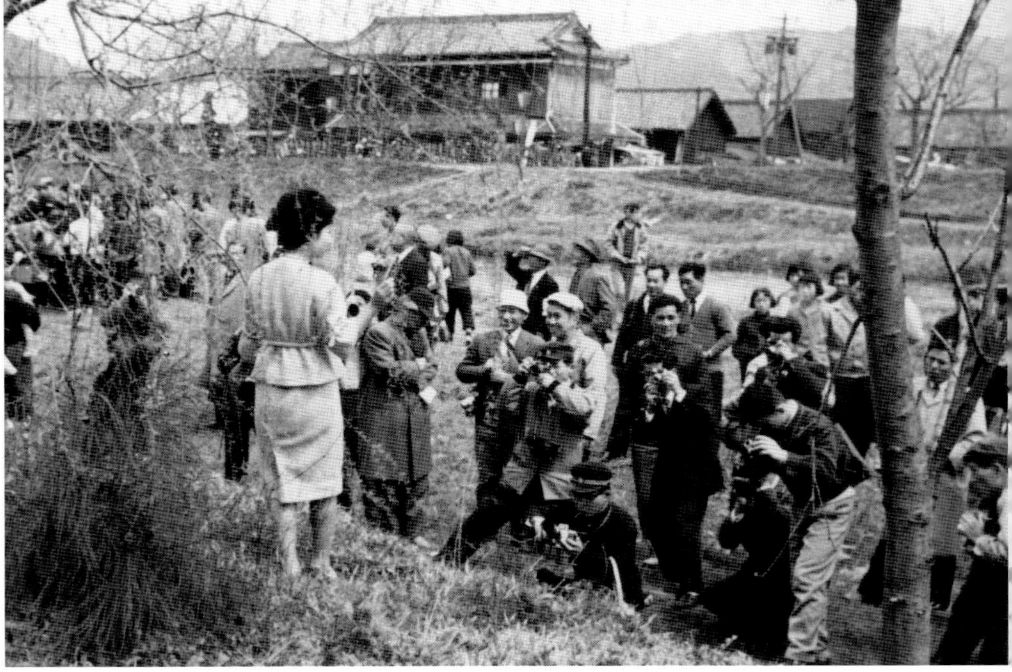

▶新田山《しんでんやま》の西山公園でモデル撮影会
新田山には四国八十八ヶ所になぞらえて石仏を安置した祠《ほこら》が88ある。昭和初期に造られたとみられ、「お大師さまの新田山」として親しまれてきた。この頃には西山公園の桜が新名所となり、モデル撮影会なども開かれ賑わった。〈たつの市新宮町新宮・昭和34年・提供＝橋本譲氏〉

▲揖保川の鮎狩り　揖保川の鮎は香りの良さで有名である。古くから清流の緩やかな浅瀬での「寄せ網漁法」が行われており、次第に人々の娯楽ともなっていった。網で集めた鮎を手づかみする楽しさは格別で、地元だけでなく京阪神からも多くの客が訪れた。〈たつの市・提供＝平田美世子氏〉

▶室津の防波堤で釣りを楽しむ
室津の港は三方を山に囲まれ、西にのみ開けた地形であるが、昭和46年に、その西からの風波を防ぐため防波堤が建設された。狭い港を避けて、レジャーボートの係留場や磯釣りの恰好の場所ともなった。〈たつの市御津町室津・昭和50年・提供＝武内憲章氏〉

▲新舞子で海水浴　夏の新舞子は臨海学習や海水浴の場ともなった。男子も女子も思い思いの水着姿である。〈たつの市御津町黒崎・昭和29年・提供＝原田みや子氏〉

▶新舞子でボートに乗る　賑わう夏のレジャースポット・新舞子。帆付きボートに乗って記念にパチリ。背後には沖で泳ぐ人々が見える。〈たつの市御津町黒崎・昭和32年頃・提供＝樫原隆男氏〉

▲新舞子で潮干狩り　遠浅で、白砂の長い海岸線を持つ新舞子は潮干狩り場でもあった。初夏の干潮時は遠足の近隣小学生や家族連れも訪れる。そのようすは今も変わらない。〈たつの市御津町黒崎・昭和 49 年・提供＝楠由紀子氏〉

▲大浦海岸の賑わい　大浦海岸は砂浜ではないが、比較的遠浅であるため、昭和 38 年から平成 5 年まで海水浴場として賑わった。「日本のニース」と称して、自治会が海の家を運営していた。〈たつの市御津町室津・昭和 42 年・提供＝楠由紀子氏〉

▲室津の殿浜で海水浴　戦後、室津は臨海学習などの場ともなった。一般的には近くの社寺に宿泊し、殿浜で泳いだりした。背後の高台に見えるのは浄運寺である。〈たつの市御津町室津・昭和20年代・提供＝平田美世子氏〉

▲戸倉の流しそうめん店　この地域の夏の風物詩のひとつである流しそうめん。流水の中をそうめんが泳ぐ専用の円卓テーブルを家族で囲む時間はとても楽しいものだった。〈宍粟市波賀町戸倉・昭和44年頃・提供＝楠由紀子氏〉

▶紅葉狩り　波賀町には音水や赤西などの国有林があり、音水の国有林事務所と上野の貯木場を結ぶ波賀森林鉄道が大正11年から昭和43年まで敷かれていた。この写真の辺り、音水渓谷は春は若葉、秋は紅葉の名所となり観光客が多く訪れる。女友達同士、誘い合わせて音水で紅葉狩りをし、線路で記念撮影をしたところ。〈宍粟市波賀町音水・昭和30年・提供＝志水鈴子氏〉

◀渓流釣り　千種川で釣りを楽しむ人々。現在もアマゴやイワナなどを目当てに多くの太公望が訪れる。〈宍粟市千種町河内・昭和48年・提供＝武内憲章氏〉

▶▼戸倉スキー場　当時は、定期スキーバスが現地まで運行されており、またスキー道具は身に合ったものを一日借りるのが普通だった。スキー場には食堂もあったが、週末は昼食時の行列を避けて、弁当を持参したものだ。〈宍粟市波賀町戸倉・右：昭和35年頃・提供＝芦谷正勝氏／下：昭和30年・提供＝志水出吾氏〉

▲新宮小学校で NHK 夏期巡回ラジオ体操　夏休みの朝はラジオ体操からスタートする。眠い目をこすりながら体操会場に向かった思い出のある人も多いだろう。この日の参加人数は普段よりも多く、遠方から来た者もあったという。〈たつの市新宮町新宮・昭和 41 年・提供＝冨田耕三氏〉

▲ブンセンの敷地内で即席舞台　社員と地域の人々が参加した催し。子どもたちが踊る舞台の後ろに飾られた幕には、昭和 9 年に醤油醸造元・鳳《おおとり》商店として創業した時からおなじみのマークが見える。これは寛永 8 年発行の寛永通宝の裏に刻印されたもの。「文銭《ぶんせん》」といわれたこの貨幣は、京都方広寺の大仏を壊して鋳造したという噂により大仏銭とも呼ばれて珍重された。これにあやかって同店の醤油にその名を冠し、また会社の通称にしたという。同 36 年からは社名も正式に「ブンセンしょうゆ」と改められ、45 年にはブンセンとなった。〈たつの市新宮町新宮・昭和 20 年代・提供＝大西和子氏〉

▲老人会の農作業　地域の老人会が農作業を行った際の記念写真。高齢者の持つ豊かな経験と知恵は社会的資源であった。〈たつの市新宮町篠首・昭和45年頃・提供＝大西秀則氏〉

▲婦人会の演劇大会　婦人会は、成人女性の修養、趣味、社会活動などを目的とした団体で、さまざまな地域活動を担ってきた。写真は桃太郎や浦島太郎などに扮した会員たち。楽しい演劇大会のようすが目に浮かぶようである。〈宍粟市一宮町三方町・昭和20年代前半・提供＝進藤光昭氏〉

▲婦人会の講習風景　公民館で行われた太子町内の婦人会幹部講習会のようす。会員が自己紹介をしているところである。〈揖保郡太子町鵤・昭和27年・提供＝太子町立歴史資料館〉

▲婦人会の集まり　三宝荒神社の鳥居付近に蓆《むしろ》を敷いて、婦人会の会員たちが揃いの割烹《かっぽう》着姿で輪になり踊っている。何かの余興であろう。同神社は檀特山の北西麓から続く荒神山にあり、北向きの社である。写真右上方に広場の傍を通って墓地に続く「三昧道」のカーブが見える。現在、この広場の向こう側を町道丸山線が南北に通り、宅地化が進んでいる。〈揖保郡太子町東南・昭和30年代後半・提供＝井上利勝氏〉

▲青年会の芝居　太田村東南地区の青年会が東南天満宮境内に仮設舞台をつくり、芝居を披露した。演目は「五月嵐」という時代劇であった。〈揖保郡太子町鵤・昭和24年・提供＝改野裕氏〉

▲太田消防団東南分団　昭和22年4月に消防団令が公布され、警察と消防の役割を兼ねていた警防団は廃止となって、消防団が各市町村に置かれた。写真は太田消防団東南分団の団員たち。右側には手押しポンプ車も写る。〈揖保郡太子町東南・昭和20年代前半・提供＝改野裕氏〉

▲神戸消防団の団員たち　国道29号沿いにあった神戸消防団第四部倉庫前での記念撮影。倉庫があった場所は今は空き地となっている。警防団から消防団への転換が図られたばかりの時期であったためか、団員の中には警防団の法被《はっぴ》を一文字だけ修正して着用している者もいた。〈宍粟市一宮町伊和・昭和20年代前半・提供＝中村巌氏〉

▲ポンプ車の入魂式　昭和31年、三方村、繁盛村が一宮町と合併し、消防団も整備統合された。写真は御形神社前。ポンプ車の入魂式で消防団員たちが記念撮影。同36年に一宮町消防団として改組発足する。〈宍粟市一宮町森添・昭和31年・提供＝進藤光昭氏〉

▲おうちで誕生会　こたつの上にバースデーケーキを置いて皆でニッコリ。今もこのような誕生会をすることは多いだろう。〈たつの市龍野町水神町・昭和 43 年・提供＝平田美世子氏〉

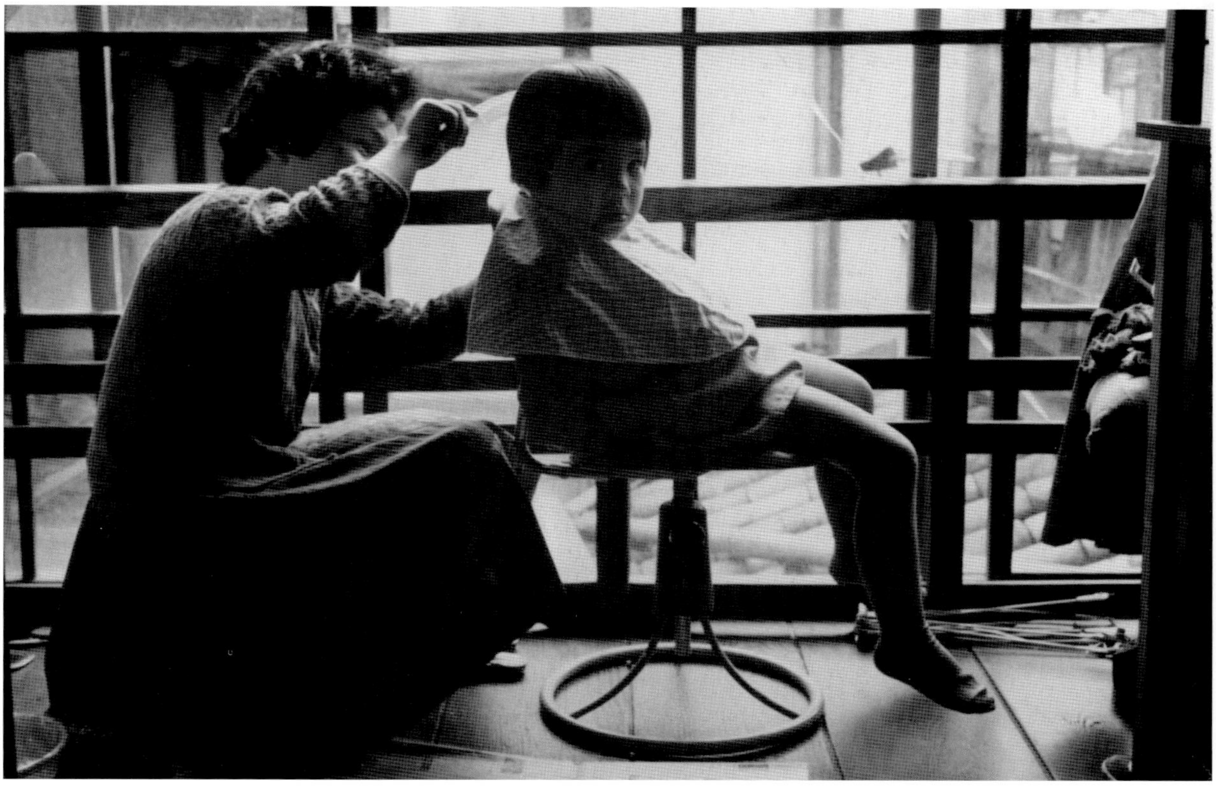

▲自宅でヘアカット　胸元に掛けられたケープも本格的である。家で髪を切ってもらう女の子。天神祭のおめかしもいっそう映えることだろう。〈たつの市龍野町上川原・昭和 43 年・提供＝楠由紀子氏〉

▶お気に入りのオバQ　和菓子店の店先にしゃがみこむ女の子。よほど大切なのか、オバケのQ太郎、通称「オバQ」の空気人形を椅子に載せている。「オバQ」は、藤子不二雄原作の漫画で昭和40年にテレビまんがとして放映されて大人気となり、一大ブームを巻き起こした。〈たつの市龍野町上川原・昭和41年・提供＝楠由紀子氏〉

▲キューピーちゃんと一緒　おめかしした子どもが、セルロイド製のキューピー人形を抱いて。写真館での写真。「舶来品」のキューピー人形は、大正初期頃、日本でもつくられるようになり、戦前戦後を通して、大人から子どもまで愛される人気者となっていた。〈たつの市・昭和30年頃・提供＝盛田賢孝氏〉

▶コルゲンコーワのケロちゃん　山田町商店街のあがた薬局の店先で、ケロちゃん人形と一緒に。写真のようなマスコットは、昭和38年に誕生し、薬局の店先に設置されて子どもたちに愛された。〈宍粟市山崎町山崎・昭和40年・提供＝あがた薬局〉

▲少年野球の試合　明治初期に日本に伝わった野球は、やがて男の子たちの外遊びの定番ともなった。少しばかりの空き地と棒切れやボールのようなものがあればどこででも遊んだ。写真は戦後に誕生した少年野球チーム。顔が見えている方が龍野のチームだという。当初、ボールは配給、足りないものは三宮の闇市へ買いに行き、グローブも消防団の法被を利用して、手袋を大きくしたようなものを作り、その中に綿を入れて使ったと聞く。不揃いのユニホームが、かえってその「野球熱」を伝える。市民グラウンド（旧調練場）にて。〈たつの市龍野町下霞城・昭和20年代前半・提供＝平田美世子氏〉

▲小さな鬼と福の神　「鬼はそと、福はうち」と言いながら豆まきをする節分。山崎聖旨保育園の園児がお面を手作りした。男の子は鬼、女の子は福の神（お多福）のようである。〈宍粟市山崎町鹿沢・昭和41年・提供＝あがた薬局〉

▲**大雪の日の校庭**　木造校舎時代の三方小学校の校庭で、雪だるまを作って遊ぶ5年生。頭巾をかぶった子どももいる。〈宍粟市一宮町三方町・昭和28年・提供＝進藤光昭氏〉

◀**雪だるまを作ったよ**　大雪の日は珍しく、子どもたちの心を躍らせた。完成した雪だるまは子どもの背丈より大きい。電柱には昭和42年から1年間放映された人気特撮テレビ番組ウルトラセブンのガムの広告が見える。〈たつの市龍野町上川原・昭和43年・提供＝楠由紀子氏〉

▲スイカ片手の月光仮面　真夏の強い日差しを浴び、揖保川岸で冷たいスイカを頬張る子どもたち。当代人気の「ヒーローたち」も、暑さには敵わなかったらしい。月光仮面は昭和33年から放映されたテレビドラマで、白いマスクとマントの格好を真似する子どもが続出した。〈たつの市新宮町・昭和34年・提供＝橋本譲氏〉

◀手押し車　下川原にあった清龍商会の店頭。おじいさんと幼児のほほえましい写真である。手押し車の幼児へそっと伸ばした手に愛情があふれる。この建物は現在も残っていてカフェギャラリー結となっている。〈たつの市龍野町下川原・昭和35年頃・提供＝渡部清子氏〉

▲皆で元気に登り棒　登っているのは龍野小学校の児童たち。登り棒は主に小学校の校庭などに設置され、人気の遊具であった。同級生らと、誰が一番にてっぺんに着くか、夢中になって競った思い出を持つ人も多いだろう。〈たつの市龍野町上霞城・昭和48年頃・提供＝平田美世子氏〉

▲室津の駄菓子屋　室津には子ども専用の駄菓子屋が4、5店あり、小銭を握りしめて買い物に行くのも楽しみのひとつであった。〈たつの市御津町室津・昭和60年・提供＝武内憲章氏〉

6 暮らしを支える生業と産業

宍粟は、森林王国と謳われるが、鉄の産地でもある。ここではその豊かな森と鉱物資源に支えられ、刀剣の原料として名高い千種鉄（宍粟鉄）が生まれた。『播磨国風土記』には、敷草村（現宍粟市千種町）と御方里（現宍粟市一宮町）の金内川で砂鉄が産出した記述があり、たたら製鉄が古代より明治初期まで行われていた。薪炭の生産や養蚕業も盛んであった。しかしやがて、石油等代替エネルギーや化学繊維が台頭するにつれて、衰退していった。

揖保川下流域の揖龍地域では、瀬戸内の温暖な気候と、原料入手が容易な地理的条件に恵まれ、醤油、素麺、皮革等が特産物となった。鉄分の少ない揖保川の水は、うすくち（淡口）醤油に適していた。また多量の水を必要とする素麺や皮革の加工、製造も、その水量に支えられた。加えて揖保川の水運は物資の輸送に好都合であった。醤油の原料となる大豆は、明治十三年の『兵庫県勧業年報』に「宍粟・佐用二郡ノ大豆ハ播州中ニテ最上等ニ位シ」と記されたほどであった。小麦も同様に良質な地元産があり、塩は近隣の赤穂産が最良とされた。

現在、生産量が全国の四十パーセント余りを占める手延素麺は、揖龍地域を中心に農閑期の副業に始まった。その生産地は年を追うごとに北上し、明治三十九年に皆無であった宍粟市で、昭和六十年度に手延べ素麺ブランド「揖保の糸」全体の五六・八パーセントを製造されるようになっている。

皮革産業は林田川流域で発達した。明治四十四年に龍野町で開催された「播磨生産品品評会」において、農産物や麺類、麦粉に次いで、皮革製品の出品が多く、当時、既に特産品としての地位を確立していたことをうかがわせる。

これら当地域の諸産業は、例えば醤油業で言えば、さまざまな種類の佃煮や「うどんスープ」といった新商品が開発されるなど、時代と共に進化を遂げている。

揖保川の良質な鮎は「鮎鮨」「うるか」として加工され、室町時代には京都まで送られて貴族の間で珍重されたという（『山科家礼記』より）。揖保川漁業協同組合では、昭和五十三年に鮎種苗等中間育成供給施設を設置。現在は「揖保川鮎種苗センター（あゆ・赤ちゃんセンター）」を運営し、鮎を揖保川へ放流する一方、各地に出荷している。また室津でも牡蠣やホタテ貝、アサリ等の養殖が行われ、捕る漁業から育てる漁業へ転換がなされている。

農産物としては、伝統野菜のきゅうり「宍粟三尺」が昭和の後期に一旦姿を消すも近年復活し、揖保川トマトや成山新田野菜はブランド化している。太子町では「太子いちじく」の生産が行われるなど、農業は、立地を生かした都市近郊型へと移行しつつある。

（盛田賢孝）

▲田んぼに水張り　田植えにかかる直前で、水を一気に入れる必要があるため消防用動力ポンプを使って水張りをしている。〈宍粟市一宮町伊和・昭和20年代前半・提供＝中村厳氏〉

▲共同で田植え　近隣住民総出の田植え風景。写真のように田植器（いわば大きな定規）を使い、器の目盛りに合わせて苗を植えた。縦横斜めがきっちりと揃うので、手押しの除草機も通りやすかった。その後、田植器は目盛り付きワイヤに変わり、やがて動力田植機となって、多くの人手を必要としなくなっていった。〈宍粟市一宮町伊和・昭和20年代前半・提供＝中村巖氏〉

▲水田の除草作業　宍粟地域で「タカヤシ」と呼ばれている回転式中耕除草機を使って、稲株の間を中耕しつつ草を取る。これもまた、地域ぐるみの共同作業である。〈宍粟市山崎町・昭和29年頃・提供＝ふるさと宍粟写真集第２集〉

◀秋の収穫　稲穂が黄色くなって垂れ下がれば収穫の時。あちこちの田んぼで稲刈りをする光景が見られる。刈り取りが終わると、稲を乾燥させる作業「稲架《はさ》掛け」（揖龍地域では「だて掛け」という）を行った。一休み中の人々の背後に、ずらりと掛けられた稲束が見える。〈揖保郡太子町東南・昭和40年代・提供＝太子町立歴史資料館、桑名敏朗氏蔵〉

▶稲干し台　千種町東河内の田の畔《あぜ》に作られた常設の稲干し台である。上に1人が上がり、下の人が投げ上げた稲束を竿に掛けていく。〈宍粟市千種町河内・昭和55年・提供＝志水出吾氏〉

◀足踏み式脱穀機　足踏み式脱穀機を使って稲一束ずつを脱穀している。籾《もみ》が飛び散らないように、機械を蓆《むしろ》で覆っている。後ろに見えるのは稲木。〈宍粟市波賀町・昭和30年頃・提供＝ふるさと宍粟写真集第2集〉

▶籾殻焼き　米の収穫後に見られる風景。籾殻を燃やして炭化させた籾殻くん炭は、天然の土壌改良材として使われる。油断すると灰になってしまうので、気が抜けない作業である。〈宍粟市一宮町・昭和50年・提供＝武内憲章氏〉

◀乗用型トラクター実演会　当時、動力付農業機械は使われていたが、その主流は歩行型の耕耘《こううん》機《き》だった。昭和30年代前半に、国産の乗用型農業用トラクターが登場した。当地域では同50年代に入り一般的に広く普及した。それにより、田や畑を耕したり、田んぼの代掻きなどの重労働は大きく軽減された。〈たつの市・昭和31年頃・提供＝たつの市〉

▶供出米検査　昭和17年に制定された食糧管理法が、同56年に大幅に改正されるまでは、米は生産・流通・消費に至るまで国の管理下に置かれていた。写真は西栗栖地区のようすで、共同出荷にあたり、検査が行われている。〈たつの市新宮町・昭和55年・提供＝たつの市〉

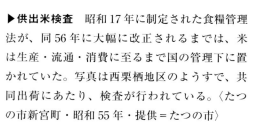

◀宍粟三尺キュウリの出荷　宍粟地域でのキュウリ栽培は昭和10年頃から始まっているが、奈良県の在来品種・大和三尺が導入された同20年代半ば頃から作付け面積が増加した。写真の頃、千種からはトラックで1日5～6台分が神戸市場などに出荷されたという。50年代に入り衰退したが、地元の有志が宍粟ゆかりの野菜を復活させようと努力し、近年再び栽培されるようになって人気を博している。〈宍粟市千種町・昭和45年・提供＝ふるさと宍粟写真集第2集〉

▶巡回に出る獣医師たち　家畜保健衛生所から獣医師がオートバイで巡回に出発しようというところ。当時、ほとんどの農家には働き手としての牛がいて、獣医師は忙しく走り回っていた。〈宍粟市山崎町鹿沢・昭和30年代後半・提供＝ふるさと宍粟写真集第2集〉

◀牛市場　山崎小学校のグラウンドを利用して牛市場が催されている。子牛が生まれると大事に育て、市場に出せば臨時収入が入ることとなった。写真右の白い建物は旧山崎町役場。〈宍粟市山崎町鹿沢・昭和40年頃・提供＝山崎歴史郷土館〉

▲揖保川畔の放牧　権現山を背景に、川のほとりで草を食む乳牛。その向こうには牛舎も見える。川に近い地域では、昼間に牛を河原へ連れて行き草を食べさせるのが常であった。〈たつの市御津町中島・昭和54年・提供＝武内憲章氏〉

▶清野《せいの》付近にあった梁《やな》　写真の上方が下流。魚が川の水と共に梁に乗り、そのままその上に残ったところを獲る仕組みだ。この漁法は秋に産卵のため海に下るアユやモクズガニの習性を利用したものである。〈宍粟市山崎町清野・昭和30年代後半・提供＝米澤充氏〉

▲揖保川の叉手《さで》網《あみ》の鮎漁　綱を引っ張る人。そして網を持つ人々。綱に柳の葉をつけて水中に沈め、下流へ移動していくと水中からアユが飛び跳ねる。そのアユを叉手網ですくうという漁法である。通称「はねかわ」。龍野のアユは香りが良いことで知られ、スイカの香りがする。まさに香魚である。〈たつの市龍野町・昭和 30 年代・提供＝石原肇夫氏〉

▶漁具（延縄《はえなわ》）　延縄は一本の幹縄に多数の枝縄を付け、その枝縄の先端に釣り針を付けたもので、これを水中にしばらく沈めた後引き上げてアナゴ、ハゼ、ハモ、チヌなどを捕る。網で捕るよりも魚が傷まないので、延縄の魚は高価だが、縄を織ったりエサを付けたりと手間がかかるため今日ではあまり見られない漁法である。〈たつの市御津町室津・昭和 47 年・提供＝武内憲章氏〉

▶干物干し　漁獲した魚を網に並べて干している。寒風にさらす方が乾きが早く生臭さが残らない。港の整備中か、海側にコンクリートの型枠が見える。〈たつの市御津町室津・昭和47年・提供＝武内憲章氏〉

◀夏の室津漁港でアナゴを「割る」　室津ではアナゴを捌《さば》くことを「割る」とか「開く」といい、それは主に女性の仕事であった。千枚通しでアナゴの頭部をまな板に固定して、腹側から包丁で開いていく。手前の発泡スチロールの箱の中にあるのはアナゴの骨である。〈たつの市御津町室津・昭和60年・提供＝武内憲章氏〉

▶夏の室津漁港、割ったアナゴの箱詰め作業
アナゴを箱詰めする漁師。アナゴは割った方が販売しやすく、冷凍にもできる。後方にアナゴを割る主婦の姿がある。〈たつの市御津町室津・昭和60年・提供＝武内憲章氏〉

▲ヒガシマル醤油の樽　龍野を流れる揖保川の伏流水は軟水で、酒造には向かないが、色を薄く仕上げる淡口醤油醸造には最適であった。淡口醤油は龍野の名産品として全国に名を馳せる。昭和40年頃までは杉材の木樽で出荷されていた。〈たつの市龍野町富永・昭和41年・提供＝武内憲章氏〉

▲ヒガシマル醤油の瓶詰め　複数の工程を経て「製成醤油」が出来上がると、樽や瓶に充填して出荷される。写真は自動瓶詰め機械による充填作業のようす。この頃には、ほかにも製造工程の機械化が進んでいた。〈たつの市龍野町富永・昭和41年・提供＝武内憲章氏〉

▶**カネヰ醤油「ゐ」** カネヰ醤油は明治2年、上川原の地で飾磨津屋の屋号をもつ三木家が龍野脇坂藩の御用蔵「ゐ蔵」を譲り受け、酒と醤油の商標をそれぞれ「尉姥」、「カネヰ」として酒造、醤油造を創業した。現存する醤油蔵は創業以来の建物で、取り合わせの妙を見せるレンガ造の煙突は明治15年の建造である。〈たつの市龍野町上川原・昭和51年・提供＝室井美千博氏、藤井十郎氏蔵〉

▲**ブンセンのピンクの車** 昭和9年に醤油醸造元として創業したブンセン。写真は工場からの積み出し風景。同30年代半ばに、同社の車は濃いピンク色に統一された。赤色は当時の消防署から許可が下りなかったため、塗料を調合して会社独自の色を考案したという。〈たつの市新宮町新宮・昭和35年・提供＝橋本譲氏〉

▲手延べ素麺の油返し　播州地方には約600年も続く素麺の歴史があり、江戸時代の安永年間に生産が本格化したといわれ、伝統の手法が今に伝えられている。写真は小より工程の最初にあたる油返しと呼ばれる作業で、帯状にされた生地（麺帯）を丸い棒のような麺紐にし、食用油を塗布しながら採桶《さいとう》という桶に巻き取っているところ。〈たつの市・昭和40年・提供＝武内憲章氏〉

▲素麺の小分けと袋出しの作業　油返しの後さらにいくつもの手順を踏んで、ようやく小分けに入る。小分けとは麺紐を延ばす工程をいい、写真では手前の女性が小分けをしている。奥の男性は袋出し作業を行っている。〈たつの市・昭和40年・提供＝武内憲章氏〉

◀セイバン室津工場 当時は簡素な木造建築であった。大正8年、室津出身の革職人泉亀吉が大阪で創業した皮革製品の製造販売商店に始まり、昭和21年に西播鞄嚢製作所として室津に工場を設立、ランドセルの製造に乗り出した。近年、「天使のはね」を開発して一躍全国に名を馳せ、トップメーカーに成長している。〈たつの市御津町室津・昭和30年代・提供＝株式会社セイバン〉

▲セイバン室津工場内の作業風景 ランドセルの製造工程はほとんど手作業である。男性の革職人が裁断など力のいる作業を、女性が縫い付けなどを行った。セイバンは当時の室津の主婦の主な勤務先であった。〈たつの市御津町室津・昭和30年代・提供＝株式会社セイバン〉

◀郡《ぐん》是《ぜ》製糸山崎工場　明治43年、郡是製糸が宍粟製糸を買収して宍粟分工場とした。大正7年に安志村より山崎町に移転し、大正末年には従業員490人を抱えていた。写真手前、揖保川岸には高瀬舟や石積の船着き場、問屋の倉庫が建ち並んでいる。同工場は昭和36年に閉鎖された。〈宍粟市山崎町中広瀬・昭和30年前半・提供＝山崎歴史郷土館〉

▲東芝姫路工場太子分工場と神戸燐寸《マッチ》　太子山から望む。中央が東芝姫路工場太子分工場（現東芝姫路半導体工場）で、昭和35年1月から操業。工場の手前に社員住宅が並び、その北にさらに寮が建設されることになる。手前が神戸燐寸の本社兼工場で、前身である昭和4年創業の嵯峨山燐寸製造所が同7年に鵤工場を新設してから、この地での操業が始まった。東芝工場との間の白く見える空き地には、38年に日本運送のターミナルが建設された。現在はさらに住宅地に変わっている。〈揖保郡太子町鵤・昭和30年代・提供＝斑鳩ふるさとまちづくり協議会〉

▲宍粟貨物自動車のトラック　昭和18年、宍粟郡の運送会社5社が統合して設立された宍粟貨物自動車は、戦中は軍事輸送にもあたり、戦後は路線トラック事業へと乗り出していく。同25年には山陽自動車運送と改称、事業を拡大していった。この写真はまだ木炭車やガス薪車が使われていた頃と思われる。トラックの背後は伊和神社。〈宍粟市一宮町須行名・昭和20年代前半・提供＝中村巌氏〉

▲山崎警察署の署員　道場に勢揃いした内勤の署員たち。道場は剣道や柔道の稽古に使用されたほか、その他式典なども行われた。現在、写真の場所は西兵庫信用金庫となり、山崎警察署は宍粟警察署となって国道29号沿いの今宿に建っている。〈宍粟市山崎町山崎・昭和30年・提供＝志水鈴子氏〉

▶神野発電所　大正12年に運用開始された神野発電所の遠景。水路式の発電所であり、現在の認可最大出力は1,190キロワット。手前は水路。この水路から下までの落差14.6メートルを利用して発電をする。〈宍粟市山崎町清野・昭和31年・提供＝志水出𠮷氏〉

▲▶神野発電所の職員たち　写真上は戦後間もない頃の撮影。発電機の操作には多くの人手が必要だったようだ。写真右は発電所内部のようす。当時、揖保川の用水取り入れ口付近では、波賀や一宮の筏師が少しの間堰を切り水を流してもらって通過していたそうだ。今は無人化しており、筏師もまた、いない。〈宍粟市山崎町清野・上：昭和20年代前半／右：昭和30年頃・提供＝米澤充氏〉

▲大身谷鉱山の軌道　明治初期に開坑され、明治12年からしばらくは実業家で鉱山王としても名を馳せた五代友厚の所有となる。大正9年に一旦閉山するが、昭和32年、同和鉱業と金平工業により再度開坑される。金、銀、銅などを産出し、昭和50年代半ばまで稼行されていた。〈宍粟市一宮町倉床・昭和30年代・提供＝追憶ふるさと宍粟写真集〉

▲松原最初の皮革工場　太平洋戦争が激しくなる中、松原の皮革業者に対して国から協業化が求められ、これを受けて、昭和17年に西播皮革株式会社が設立され、松原地区内の多数の業者が参画したという。この会社では主に軍靴の製造を行ったといわれる。現在も写真中央上の4棟や職人の住宅などが残っており、産業遺産として貴重である。下を流れるのは林田川。〈たつの市揖保町門前・昭和24年頃・提供＝松原公民館〉

▲井河原農機　昭和22年の設立。創業は大正4年の井河原商会にさかのぼる。俵締機や除草機、足踏み式脱穀機などの農業機械の製作を行っていた。昭和22年、井河原農機を設立、足踏式回転脱穀機は「福助號」の商標で実用新案登録されたという。同31年、井河原産業となり、造船や自動車関連部品製造へと事業拡大を図り、35年には農機具製造から撤退、現在は環境整備やエネルギー関連機器の製造に事業主体を移している。写真上は製品テスト、販売風景。下は「福助號」。〈たつの市揖保川町正條・昭和30年代・提供＝井河原産業株式会社〉

フォトコラム　宍粟の林業と森林鉄道

明治二年六月に実施された版籍奉還により、江戸時代以来の幕府直轄領（天領）や各藩領の山林は明治政府に帰属する官林となり、明治四十年頃までにほぼ現在の国有林の形態が整えられた。

この地域では大正十三年に大阪営林局山崎営林署が設置され、宍粟郡の国有林を管轄することになった。その中で波賀地区はとくに広大な森林資源に恵まれており、古くより木材の生産が盛んに行われてきた地域である。この地での本格的な製材業は、大正九年に動力に水車を利用した製材工場が創業されたことを機に始まり、太平洋戦争の前後には軍需用木材の需要で空前の活況を呈したといわれる。

機械のなかった時代、森林の奥深くで伐採した木材を幹線道路や貯木場まで搬出するには、人力かあるいは木馬《きんま》と呼ばれる木製の運搬具が利用された。レール状に木材を組んで作られた木馬道の上を、ソリ状の木馬で引き下ろすのであるが、重い材木を載せて急勾配の山道を下るため、きわめて危険であった。

木材の需要が増大するにしたがって、近代的かつ安全な運搬手段が求められるようになり、波賀地区では森林鉄道が導入されることとなった。大正七年に建設工事が始められ、音水《おんずい》、赤《あか》西《さい》と上野貯木場を結ぶ延長約二四キロメートルの幹線のほか、カンカケ、坂ノ谷、万ケ谷などの支線が敷設されている。高低差のある山腹斜面にはレールを敷いて木材や資材を昇降させるインクラインが設置され、音水のインクラインは二一〇メートルもの高低差があった。波賀森林鉄道ではガソリン機関車やディーゼル機関車のほか、木炭ガス機関車や蒸気機関車も利用され、昭和二十八年度には全体の保有台数は十一両と、大阪営林局管内で最多を誇っていた。

宍粟郡の近代林業の象徴的存在ともいえる波賀森林鉄道であったが、昭和三十年代になるとトラックによる輸送が主流となり、昭和四十三年七月十五日に惜しまれながらも最後の運転の日を迎えることとなった。

（田路正幸）

▲山崎営林署旧庁舎　大正 13 年の営林局発足に伴い、兵庫大林区署山崎派出所が大阪営林局山崎営林署として設置された。かつては山崎町鹿沢に事務所が置かれていた。〈宍粟市山崎町鹿沢・提供＝兵庫森林管理署〉

▲上野貯木場　波賀地区の中心部にある上野貯木場は、大正13年に開設されている。波賀森林鉄道で搬出された木材は、山崎営林署が管理するここへ集積された。〈宍粟市波賀町・昭和20年代・提供＝兵庫森林管理署〉

◀木《きん》馬《ま》道《みち》による木材搬出　木馬は、材木を載せる木製のソリ状の運搬具である。木材を枕木状に敷き詰めた木馬道を使い、人力で引き下ろす。〈宍粟市山崎町・昭和20年代・提供＝山崎歴史郷土館〉

▲波賀森林鉄道の試運転光景　音水《おんずい》でのガソリン機関車の試運転。トロッコを牽引する機関車は、古くはドイツのコッペル社、野村組工作所、松岡産業、協三工業製などのガソリン機関車が導入されていた。軌条（レール）は、9キロ、6キロの2種類があったが、奥部では軽い6キロ軌条が使用されていた。〈宍粟市波賀町・昭和4年・提供＝兵庫森林管理署〉

◀昭和20年代に活躍した機関車　波賀森林鉄道で活躍していた機関車のエンジンには、トヨタ、日産、いすゞ製などがあった。昭和31年には酒井工作所製の新鋭ディーゼル機関車が導入された。〈宍粟市波賀町・昭和26年頃・提供＝兵庫森林管理署〉

◀昭和30年代に活躍した機関車　酒井工作所製F型5トン ボギー式ディーゼル機関車（5トンボギー機関車）が牽引するのは、木材運搬車両ではなく、屋根付きの人員輸送用車両である。撮影場所は上野貯木場。〈宍粟市波賀町・昭和30年代・提供＝兵庫森林管理署〉

▶トラックで輸送　昭和30年代になると自動車の普及に伴い、それまでの森林鉄道に代わってトラックによる木材の輸送が主流となる。さらに国道29号の整備がそれに拍車をかけ、同34年には林野庁が森林鉄道を自動車道に転換する方針を出した。〈宍粟市・昭和42年頃・提供＝兵庫森林管理署〉

◀波賀森林鉄道最終日の風景　宍粟郡の近代林業を体現した波賀森林鉄道であったが、最後まで残っていた音水国有林の軌道も廃止されることになった。写真は昭和43年7月15日、最後の運転のようすである。〈宍粟市波賀町・昭和43年・提供＝兵庫森林管理署〉

▲木炭の搬出　木炭生産は宍粟郡の重要産業であり、地元経済にも大きな影響をもたらした。大正元年には木炭生産の振興を図るため、宍粟郡木炭同業組合が設置された。〈宍粟市波賀町・昭和23年・提供＝兵庫森林管理署〉

◀木炭の「だつ詰め」作業　宍粟郡の山間部では江戸時代より木炭の生産が盛んに行われ、戦後しばらくは最も重要な産物であった。人里離れた山中での炭焼きは、窯の近くに小屋を建てて寝泊まりする孤独な作業であった。「だつ」とは、炭俵のこと。〈宍粟市山崎町・提供＝ふるさと宍粟写真集第2集〉

7 交通の変遷

　本地域における鉄道の嚆矢《こうし》は、明治期に開業しのちに国有化された山陽鉄道である。明治二十一年の兵庫～明石間開通を皮切りに、翌年には揖保川東岸まで延伸し、仮停車場として龍野駅（現竜野駅）が開業している。大正後期から昭和初期にかけては、新宮から網干港を結び山陽本線とも連絡した播電鉄道が、旅客のみならず名産品の醤油や素麺などの輸送にも活躍した。しかし、昭和五年に姫路～余部間で開業した国鉄姫津線（現ＪＲ姫新線）が、同七年に播磨新宮駅まで延伸した影響で、播電鉄道は九年に廃線となった。同社はその後、乗合バス事業に乗り出したが、十八年には戦時統合で、宍粟地域の山陽自動車らと一緒に神姫自動車に合併され、神姫合同自動車（現神姫バス）となった。以降、この会社は道路整備の進行に併せて、西播磨全域に路線網を広げていった。三十四年に山陽本線の姫路～上郡間の電化が完成し、三十九年に全線が電化。四十七年には山陽新幹線の新大阪～岡山間が開通し、これに伴う大規模なダイヤ改正が行われ、この地域を走る優等列車は削減され、岡山以西は増便となった。一方、姫津線は長らく蒸気機関車が活躍していたが、昭和三十年代半ばからディーゼルカーが導入されはじめ、同四十六年には蒸気機関車のさよなら運転が行われている。近年は高架事業が実施され、平成二十二年に本竜野駅と播磨新宮駅が相次いで橋上駅となった。

　道路に目を向けると、昭和二十年代までの本地域の主な幹線道路は、道幅、路面状態共に近世の街道の名残を感じさせるものであった。しかし高度経済成長期にモータリゼーションが急速に進展、それに対応するため道路整備が急がれた。特に揖龍地域を東西に走る国道二号や宍粟地域を縦断する国道二九号の改修はいち早く進められた。また同三十年代半ばには低価格の大衆車が発売されて自動車がより身近な存在となり、四十年代前半にマイカーブームが巻き起こった。五十年代に入ると交通量が増加したため、走行性の向上を目指して道路網の拡充が進んだ。五十年には姫路バイパスと中国縦貫自動車道（現中国自動車道）の福崎～美作間が、五十七年に山陽自動車道の竜野西（現龍野西）～備前ＩＣ間が、六十年に太子竜野バイパスが開通した。現在でも、山陽自動車道と中国自動車道を結ぶ播磨自動車道の工事が、平成三十三年の全線開通を目指して進められている。

　最後に、本地域の交通を語るには、揖保川の存在も忘れてはならない。江戸期初頭から昭和初期までの貨物輸送は揖保川の水運が担っていたが、鉄道やトラックでの物流体制が整うにつれて姿を消していった。同じように、かつては幾度となく川岸を行き来した渡し船も、橋の建設で廃止された。高度経済成長期以降は、多くの橋が強靭なコンクリート造などに架け替えられ、大規模な水害の際も橋が流されてしまうことはほとんどなくなった。

▲揖保川の渡し船　揖保川には多くの渡し船があった。明治以降、主要な道路には橋が架けられたが、昭和になってからも、人々は畑や山仕事、通学などで渡し船を利用していた。対岸で遊んだ帰りだろうか、女性に連れられた子どもたちを乗せた船は北村の集落方面へ進んでいる。〈たつの市新宮町北村・昭和28年・提供＝たつの市〉

◀姫津線の敷設工事風景

国鉄姫津線（現 JR 姫新線）の姫路～津山間が着工したのは昭和２年のことだった。同５年に姫路～余部間、翌６年に東觜崎《ひがしはしさき》、７年には播磨新宮まで開通した。〈たつの市新宮町・昭和初期・提供＝太子町立歴史資料館、内海つや氏蔵〉

▲觜崎の屏風岩と蒸気機関車　姫新線の東觜崎～播磨新宮間のディーゼル化は昭和 46 年３月のことである。正面の鶴嘴山の左斜面に見える屏風を立てたような岩は「觜崎の屏風岩」と呼ばれ、国指定の天然記念物となっている。硬い安山岩のため、浸食されずに残った。觜崎の渡しの上流にある。〈たつの市新宮町觜崎・昭和 30 年代・提供＝石原肇夫氏〉

▲播磨新宮駅　通勤通学客で賑わう駅ホームには、蒸気機関車とディーゼルカーが並んで停車中。昭和40年代は動力が蒸気からディーゼルや電気に転換する過渡期であった。〈たつの市新宮町新宮・昭和45年・提供＝御菓子司 櫻屋〉

▲本竜野駅初代駅舎　本竜野駅は昭和6年に姫津線の駅として開業。その時に建てられた天井の高い木造駅舎である。龍野市の表玄関として、昭和初期から平成にわたり長く使われたが、橋上駅となるため平成21年に取り壊された。〈たつの市龍野町中村・昭和55年・提供＝梶浦文雄氏〉

▶竜野駅　山陽本線竜野駅ホームでのスナップ。当時、駅名標の漢字表記は「龍野」だった。同駅は明治22年、山陽鉄道の延伸時に仮停車場として開業した。〈たつの市揖保川町黍田・昭和33年・提供＝高見彰彦氏〉

◀賑わう竜野駅前　学生らで大賑わいの竜野駅前の光景。割烹《かっぽう》着の女性が初期型のスーパーカブで二人乗りをしている姿も見える。当時はまだヘルメットを着用する義務はなかった。〈たつの市揖保川町黍田・昭和40年・提供＝二井上邦彦氏〉

▶竜野駅に到着した大相撲の一行　龍野へやって来た力士を取り囲む人々。「柏鵬時代」と呼ばれた高度経済成長期の相撲黄金時代を築いた第47代横綱・柏戸の姿が見える。このあと一行は、車で野見宿禰神社に向かった。〈たつの市揖保川町黍田・昭和40年・提供＝二井上邦彦氏〉

▲馬力とボンネットバスが混在した時代　東和通りを通る馬力（荷馬車）の後ろにボンネットバスが続く。昭和初期には姫路方面をはじめ波賀や千種方面へも乗客輸送に乗合バスが利用されるようになった。一方で、人力や畜力を動力とする交通手段は徐々に姿を消していくこととなる。写真は東和通りの谷口たばこ店付近。〈宍粟市山崎町山崎・昭和28年・提供＝山崎歴史郷土館〉

▶常便馬車の帰路

一宮方面へ帰る馬車の荷には、米びつや樽などが積んである。写真の馬車は一宮や山崎へ定期的に物資を運んでいたという。道の向こうは揖保川。写真は現在の五十波《いかば》自治会館付近を北に向かっている。〈宍粟市山崎町五十波・昭和30年代前半・提供＝追憶ふるさと宍粟写真集〉

◀乗合バス　昭和20年代前半頃までのバスはボンネット型が主流であったが、次第に後部にエンジンを設けた箱型バスに移行していった。ボンネット型の「鼻高バス」に対して箱型は「鼻ペチャバス」と呼ばれた。写真は室津の町中を走る「鼻ペチャ」の乗合バスを、民家の２階から見ている。〈たつの市御津町室津・年代不明・撮影＝吉村廣夫氏〉

▼神姫バス山崎案内所付近のようす　写真はバスの車庫と整備場。「安全第一」の看板が掲げられた建物の向こう側に待合所と案内所があり、そちらは乗降客で賑わっていた。〈宍粟市山崎町鹿沢・昭和40年頃・提供＝山崎歴史郷土館〉

◀国道250号の御津付近を走るバス　昭和40年代には自家用車が普及していた。自転車の通行が主であった道路も拡幅され、アスファルトで舗装されてセンターラインが引かれていった。〈たつの市御津町・昭和40年代後半・提供＝たつの市〉

▶戸倉隧道にて　昭和30年に開通した長さ742メートルの戸倉隧道の入口での記念写真。その昔は、因幡街道や若桜街道として鳥取県の若桜町と繋がる峠があった。今は写真から下の位置に、全長1,730メートルの新戸倉トンネルが通っている。〈宍粟市波賀町戸倉・昭和39年・提供＝志水出吉氏〉

◀国道29号開通式　揖保川に沿って北上する国道29号は、山陽地方と山陰地方を結ぶ幹線道路で、古くは因幡街道などと呼ばれた道である。昭和40年に一般国道29号として指定され、同42年に一次改良工事が完了した。〈宍粟市一宮町・昭和42年・提供＝宍粟市教育委員会〉

▶国道29号が開通
一宮町の中心部で道沿いに商店が建ち並ぶ、神戸地区東市場での国道29号開通時のようすである。写真は現在のハリマ農協本所付近。〈宍粟市一宮町・昭和42年・提供＝宍粟市教育委員会〉

▶角亀トンネル開通式　県道相生山崎線（現市道栗町角亀２号線）の整備計画の一環として開通した、初代の角亀トンネルの開通式のようす。〈たつの市新宮町角亀・昭和48年・提供＝たつの市〉

▲国道２号に抜ける車　姫路バイパス終点の太子東ランプの国道２号西行き出口。写真左側の右折レーンは東行きへのコースを示すが、大型車は右折禁止である。開通して間もなくと思われるが、以降の太子町内の道路交通状況が心配される車の列でもある。〈揖保郡太子町山田・昭和50年・提供＝太子町立歴史資料館〉

▲中国縦貫自動車道　現在は中国自動車道（中国道）の名で通っているが、昭和45年に最初の区間である中国吹田～中国豊中間が開通した当初は、法定路線名の中国縦貫自動車道（中国縦貫道）と呼ばれていた。同58年に千代田（広島県）～鹿野（山口県）間の完成をもって全線開通となった。〈宍粟市・昭和49年・提供＝ふるさと宍粟写真集第2集〉

◀太子竜野バイパス開通　播磨地域を東西に走る広い道路で、当初は国道2号のバイパスとして敷設された有料道路であった。平成12年の無料開放と同時にこちらが新しい国道2号となり、元の国道2号は県道725号と国道179号に変更された。〈揖保郡太子町・昭和60年・提供＝たつの市〉

▲祇園橋旧景　旭橋の上流に架かる祇園橋を西向きに撮影。平成11年、現在の橋梁に架け替えられた。
〈たつの市龍野町島田〜北龍野・昭和30年代・提供＝石原肇夫氏〉

◀旧中川橋の通勤風景
中川は御津町と姫路市との境界の河川であり、そこの国道に架かるのが中川橋である。写真は、姫路方面への通勤者が中川橋を渡るようす。自動車が普及するまでは自転車が主な交通手段であった。〈たつの市御津町苅屋・昭和30年代・提供＝たつの市〉

▶谷橋の渡り初め式　波賀町谷の集落と国道29号の間を流れる引原川に新しい橋が架けられた。写真はその渡り初め式での記念撮影。〈宍粟市波賀町谷・昭和33年・提供＝米澤充氏〉

◀山崎大橋の完成　昭和40年2月、国道29号の改修に併せて揖保川に架かる山崎大橋が完成した。〈宍粟市山崎町・昭和40年・提供＝ふるさと宍粟写真集第2集〉

▶龍野新大橋の渡り初め　揖保川の流れに映える堂々たる龍野新大橋が完成。神職を先頭に、三世代の夫婦らが式典に参列し、渡り初めをした。この橋から上流へ向かって龍野橋、旭橋、祇園橋と続いている。〈たつの市・昭和41年・提供＝たつの市〉

◀スカートでスクーター　スクーターの普及には、昭和28年製作の洋画「ローマの休日」が一役買ったといわれる。日本では富士産業（現富士重工業）が同22年に発売したラビットが人気の口火を切り、翌23年発売の中日本重工業（現三菱重工業）のシルバーピジョンが続いた。写真のスクーターはラビット・ジュニアである。〈たつの市揖西町小神・昭和30年代・提供＝楠由紀子氏〉

▲ホンダ・スーパーカブ　昭和33年に発売が開始されたホンダ・スーパーカブは、業務用として配達や出前に、また営業マンの足として大活躍した。その人気ぶりは、同業他社が類似車種を相次いで発売するほどだった。配達用のスーパーカブに4人のちびっ子がちょこんとまたがった、ほほえましい一枚。〈たつの市龍野町上川原・昭和42年・提供＝楠由紀子氏〉

▲オートバイでツーリング　自慢の愛車とハリマ一ノ宮オートクラブの仲間たち。この日の目的地は鳥取砂丘だったという。長距離の砂利道走行は砂埃との戦いとなるため、白衣や整備用の布つなぎを着て、ゴーグルをかけた。当時はまだヘルメットの着用義務はなかった。〈宍粟市一宮町・昭和30年後半・提供＝中村巖氏〉

▲トヨペット・ライト・トラックSKB型　伊和神社で新車の安全祈願のお祓いを受けに来た。トヨペット・ライト・トラックSKB型は1トン積みのキャブオーバータイプで、オート三輪が主流だった当時、それに対抗する四輪車として発売されたという。〈宍粟市一宮町須行名・昭和30年頃・提供＝中村巖氏〉

▲普及した自家用自動車　道路の舗装や拡幅がなされ、昭和30年代後半には購入しやすい価格帯の大衆車が市場に現れたことで、自動車を所有する家庭が増えた。この写真はマイカーで商店街売り出しパレードに参加した時のもの。賑やかに飾りつけられた車の前で子どもたちもニンマリ。〈たつの市龍野町上川原・昭和42年・提供＝楠由紀子氏〉

▲マイカーでドライブ　当時大人気だった軽乗用車スバル360に対抗して、東洋工業（現マツダ）が発売しヒットした人気車、マツダ・キャロルに乗ってドライブした際のスナップ。音水湖の畔《はとり》に停車し、引原ダムをバックに撮影した。〈宍粟市波賀町引原・昭和42年・提供＝楠由紀子氏〉

8 民俗行事や祭り

日本は四季の変化が際立っており、それに従って人の生活のリズムが動いている。春、夏、秋、冬という季節の移り変わりをもとに形づくられたのが祭りに代表される民俗行事である。

当地域にも四季を彩るさまざまな行事や祭りがある。斑鳩寺の「太子春会式」や春を呼ぶ「龍野さくら祭」や、夏になれば、室津賀茂神社の「夏越祭り」や、恩徳寺の「さいれん坊主」をはじめとする盆行事があちこちで行われる。収穫を感謝する秋祭りには屋台が練りだし、獅子舞が奉納され、冬の小正月にはトンド焼きや凧揚げが行われる。こうした祭りには、その土地と季節に結びついた生活の姿があり、地域の歴史や文化を色濃く伝えている。なかでも室津賀茂神社の例祭「小五月祭り」で奉じられる「棹の歌」と神岡町の梛《なぎ》八幡神社の例祭に奉納される「獅子舞」は県重要無形民俗文化財に指定されている。どちらも数百年の伝統を有する祭事であり、少子高齢化の進むなか、現在も氏子によって連綿と受け継がれている。

いったい祭りとは神によって土地と人が結ばれることであり、地域住民の結束を再確認し、強めるものである。仲介者としての神の存在が基本にある。しかし近年は、山崎の「さつき祭り」にみられるような「神なき祭り」が各地で催されている。地域の活性化などを目的としたイベント的な行事である。「祭り」という語が冠されているが、主催者が意識するのは「神」ではなく「客」である。こうした祭りには、神がそこに招かれていなくても、地域のまとまりを創出したり再発見したりする「祭り」に近い性格がある。さらに集客を目指すことから、賑わいも演出される。架設ステージがつくられ、露店が並ぶなど、祭りの特徴である非日常時空間が現れる。

時代を問わず、祭りは人々によって受け継がれていくのである。そこに地域住民の心をみることができる。

（柏山泰訓）

▲奇祭「さいれん坊主」 恩徳寺で行われる祭礼「さいれん坊主」の起源は室町時代といわれ、幕府に討伐された播磨国守護の赤松満祐一族を悼む隠れ供養として始まったと伝わる。竹竿を割った先に和紙を張ったホオズキ型の灯籠「さいれん坊主」を持ち、太鼓や鉦の響く中、エイヤ、エイヤと勇ましい掛け声を上げ、輪になって右回りで練り歩く。〈たつの市揖西町中垣内・昭和48年・提供＝武内憲章氏〉

▶子ども武者行列　龍野武者行列は昭和18年に太平洋戦争のため中断を余儀なくされた。戦後もしばらくの間、GHQに対する配慮のためか、再開は自粛された。昭和26年、新龍野市の誕生とともに武者行列は市民の祭りとして復活、翌年には市制施行1周年祝賀記念行事として盛大に行われ、5万人の観客が訪れたという。しかし同36年に再び中断。52年に子ども主体の武者行列として復活した。赤胴に、輪違いの紋と赤とんぼが描かれているのが龍野ならではで面白い。〈たつの市龍野町上霞城・昭和54年・提供＝龍野武者行列保存会〉

◀休憩中の少年武者　復活した第1回目の武者行列に参加した少年が龍野神社で昼の休憩をとっている。身につけているのは復活前の衣装である。〈たつの市龍野町中霞城・昭和52年・提供＝平田美世子氏〉

◀▼**龍野さくら祭**　桜咲く4月になると、龍野では「一目三千本」といわれる県内有数の桜名所・龍野公園一帯でさくら祭が開かれる。左写真の奥に写る建物は聚遠亭茶室。元禄時代、井原西鶴が龍野を訪れたときに詠んだ「花ぞ雲動き出てたる龍野衆」の句碑が前にあり、当時すでに龍野の桜は有名であったことがわかる。〈たつの市龍野町中霞城・昭和54年・提供＝龍野武者行列保存会〉

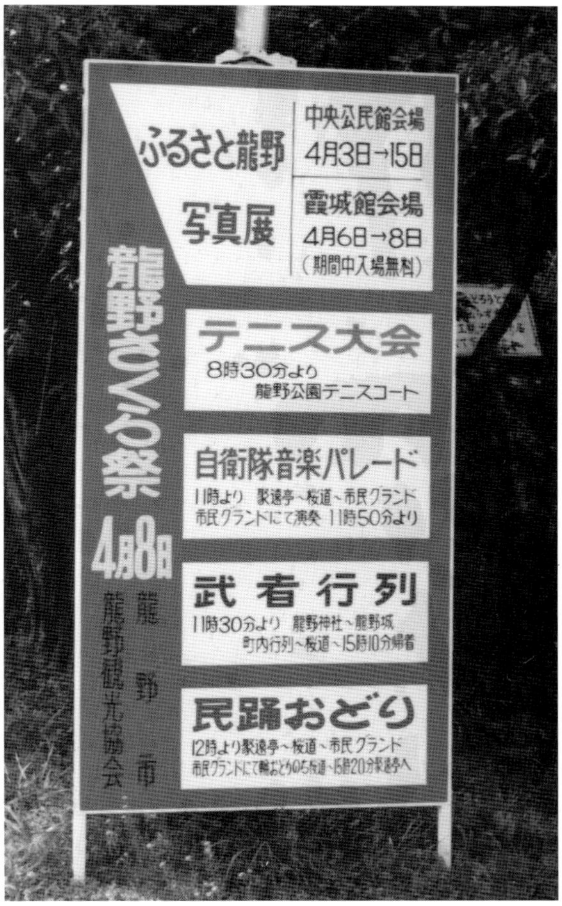

◀**「龍野さくらまつり」のステージ**　市民グラウンドに設置されたステージでは、姫路市から来た広畑中学校のバンド部が演奏中。日本万国博覧会にも出演したという。〈たつの市龍野町中霞城・昭和45年・提供＝楠由紀子氏〉

▲龍野納涼まつり盆踊り　場所は不明だが、龍野納涼まつりの盆踊り風景である。櫓《やぐら》には龍野観光協会や段文《だんもん》音頭の提灯が飾られている。約700年前に一遍上人が広めた先祖供養の念仏踊りが起源といわれる「播州段文音頭」は、現在も大切に踊り継がれている。〈たつの市・昭和60年・提供＝武内憲章氏〉

◀恩徳寺のさいれん坊主　さいれん坊主とは、2～6メートルの竹竿の先を細く割り、坊主の頭をかたどった丸い灯籠をつけたもののこと。「祭礼坊主」がなまり、「さいれん坊主」となったという。さいれん坊主がいくつも集まり、夏の夜の境内を回る。〈たつの市揖西町中垣内・昭和44年・提供＝武内憲章氏〉

▲▶さいれん坊主の盆踊り　さいれん坊主の祭礼が終わると盆踊りの時間である。浴衣姿の子どもや大人が櫓《やぐら》を囲んで楽しく踊っている。夜店も出て大いに賑わった。〈たつの市揖西町中垣内・上：昭和44年／右：昭和50年・提供＝武内憲章氏〉

◀▼中臣《なかとみ》印《い》達《たて》神社の秋祭り　神社を模したきらびやかな神輿と、天狗の面を着けた者が町中を練る。同神社は宝亀元年（770）創建、延喜式神名帳に名神大社と記されている古社であり、例祭にも厳かな雰囲気が感じられる。〈たつの市揖保町中臣・昭和46年・提供＝武内憲章氏〉

◀粒坐天照《いいぼにますあまてらす》神社の秋祭り　同神社の秋の例祭での一枚。子どもが大きな団扇を担ぎ、その後ろを大人が樽みこしを担いで練り歩いている。〈たつの市龍野町上川原・昭和44年・提供＝楠由紀子氏〉

▶龍野凧あげ祭り　1月の恒例行事である揖保川河畔での凧あげ祭り。参加者たちが持ち寄った自慢の凧が大空を乱舞する。〈たつの市龍野町富永・昭和50年・提供＝武内憲章氏〉

◀天神祭　播磨三大社のひとつとして名を馳せる、粒坐天照神社で、毎年2月24、25日に行われている。菅原道真（天神）を祀る摂社、菅原神社の祭礼である。〈たつの市龍野町日山・昭和43年・提供＝楠由紀子氏〉

▲神戸《かんべ》神社の子ども樽みこし　神戸神社の子ども神輿は戦後の一時期途絶えていたが、いつ頃からか復活している。写真は旧神戸神社の絵馬殿で撮影され、この頃は樽みこしだった。国道2号の4車線拡張工事に伴い、昭和52年に神社裏手の円錐状の山を削り、社殿が建て替えられた。それを機に神輿も新しくなり、樽みこしは使われなくなった。〈たつの市揖保川町神戸北山・昭和45年・提供＝二井上邦彦氏〉

▲賀茂神社夏越《なごし》祭り①　室津の海の男たちが屋台を担いでぶつかり合う豪快な夏祭りで、昔は住吉祭りと呼ばれていた。酒樽、魚、米俵の作り物を屋台に乗せて賀茂神社まで室津の町を練り歩く。通りの広いところでは、屋台の練り合わせが激しく行われる。〈たつの市御津町室津・昭和53年・提供＝武内憲章氏〉

▲賀茂神社夏越祭り②　道幅の狭い室津のまちなかを練り歩く酒樽を乗せた屋台　窓をはずして室内から見物する人の姿は、狭い土地の室津ならではである。〈たつの市御津町室津・昭和53年・提供＝武内憲章氏〉

▲賀茂神社住吉祭り（現夏越祭り）の海中練り合わせ　殿浜が埋め立てられる前、屋台は海のなかで練り合わせをしていた。夏の暑さを海水で冷やし、神社に入る前の清めの儀式でもあった。今は見ることができない光景である。〈たつの市御津町室津・昭和30年・撮影＝吉村廣夫氏〉

▲富嶋神社秋祭り　御津町苅屋に鎮座する富嶋神社は八幡宮と貴布祢大明神を合祀しており、秋季例祭は、昔は10月24、25日であったが、今は10月下旬の土、日曜日に行われる。姫路市網干区浜田の2区を含む6地区から屋台が練り出す。写真は元川沿いの御旅所付近を行く屋台。〈たつの市御津町苅屋・昭和57年・提供＝武内憲章氏〉

◀賀茂神社の小五月祭り　室津の小五月祭りは賀茂神社の例祭である。昔は旧暦の5月に京都賀茂神社の神職が来て執り行ったが、今日では4月最初の土、日曜日に行われる。遊女・室君《むろぎみ》が囃子方と巫女を従えて「棹の歌」を奉納したのが原形で、今は女子高校生がその役を務める。写真は戦後に復活した第一回目の小五月祭りで、「棹の歌」を本殿前で奉納しているところ。〈たつの市御津町室津・昭和27年・撮影＝吉村廣夫氏〉

▲山崎町のさつき祭り　昭和 30 年、町制施行に伴ってサツキが町花に定められた。同 35 年から始まったさつき祭りは、毎年 6 月上旬の開花時期に合わせて行われている。当時はサツキの愛好家も多く、各家庭で盆栽として栽培されていた。会場では、見事に手入れされた色とりどりのサツキが所狭しと並んでいる。このころは山崎小学校の運動場がメーン会場だった。テントの後ろにジャスコ山崎店が見える。〈宍粟市山崎町鹿沢・昭和 57 年・提供＝武内憲章氏〉

◀「さつき音頭」のお披露目　節目となる 20 回目のさつき祭りに合わせて披露すべく、前年から一般公募していた「さつき音頭」の歌詞が決まった。踊りの振りが付けられ、婦人会の踊り手たちが練習を重ねて、この日披露された。〈宍粟市山崎町鹿沢・昭和 54 年・提供＝武内憲章氏〉

▲第１回町民フェスティバル山崎まつりの屋台練り　10月15日から3日間にわたって行われた祭りの初日。人々はさつき祭りの法被を着ている。屋台が町内を巡った後、おまつり広場の山崎小学校へ入る。写真は東和通りで屋台練りをしているようす。〈宍粟市山崎町山崎・昭和57年・提供＝ふるさと宍粟写真集第2集〉

▶山崎八幡神社の秋祭り
山田町の子ども神輿が総道神社前を通っている。神輿の前で綱を引いている小さい子どもたちには一体感が感じられる。左手の店は朝日堂。〈宍粟市山崎町山崎・昭和45年・提供＝あがた薬局〉

▶田井の秋祭り子ども相撲　田井の秋祭りでは、大社神社境内で子ども相撲が行われていた。土俵上では、がっちり組み合った少年が真剣勝負の真っ最中。〈宍粟市山崎町田井・昭和40年・提供＝あがた薬局〉

▼伊和神社秋季例大祭　伊和地区の屋台を庫出しする際に撮影された。屋台を担ぐ時は全員の呼吸を合わせることが必要不可欠なため、祭り前の早いうちから何回も練習を繰り返した。〈宍粟市一宮町伊和・昭和42年・提供＝中村巖氏〉

▲斑鳩寺勝軍会　勝軍会（御頭会）は、聖徳太子と物部守屋との戦いの四天王の故事に因んで、鵤荘内より４人の男子（頭人）を選んで聖徳太子の子にしてもらうという斑鳩寺の行事。一人ずつ２月９、16、17、18日それぞれの日に家で杯事の式をし、行列をつくって斑鳩寺に入り、法要とさらには聖徳太子像と頭人との「親子の対面」を行う。その意味についてはいろいろな解釈がなされている。〈揖保郡太子町鵤・昭和54年・提供＝武内憲章氏〉

▲斑鳩寺太子会式での大工道具の露店　聖徳殿前殿南側の露店のようすである。太子会式にはいろいろな見世物、露店、植木市や農具市があったが、聖徳太子が大工道具の曲尺《かねじゃく》を考案したなどの伝承から「職人・大工の神様」として崇められ、大工道具の露店が多数並び、盛況を呈した。〈揖保郡太子町鵤・昭和49年・提供＝武内憲章氏〉

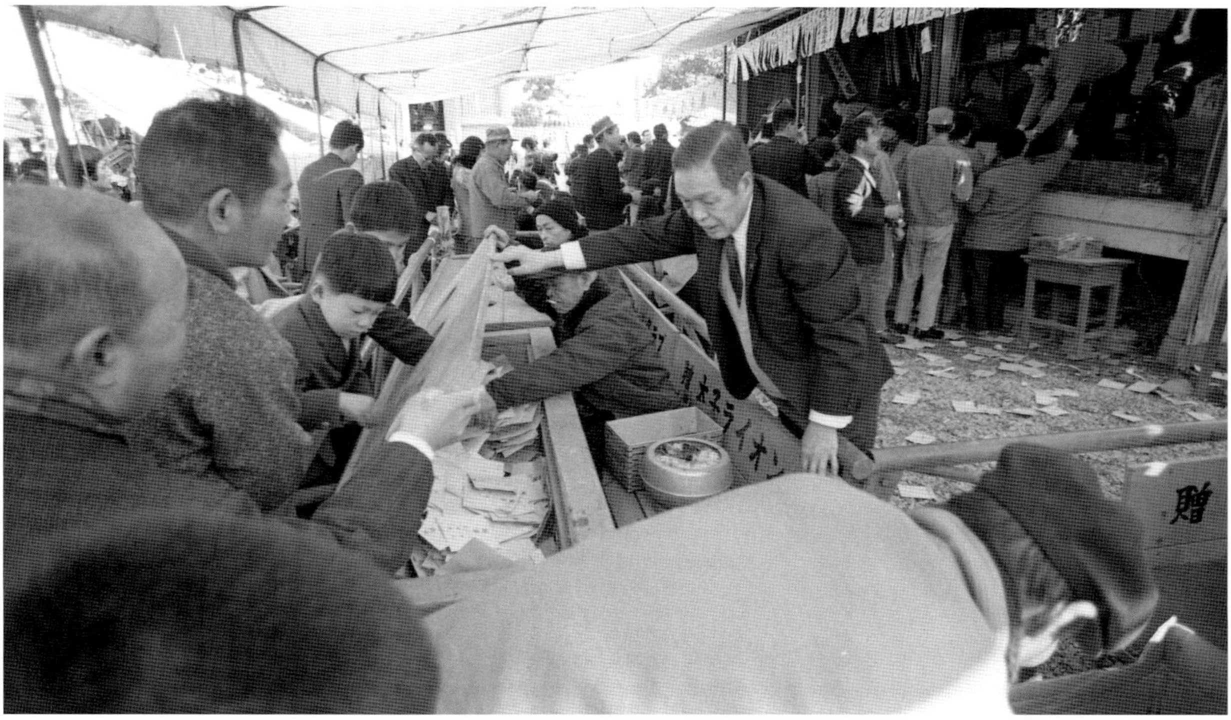

▲斑鳩寺太子会式で福引き　仁王門（のちに講堂の東側にある聖霊権現社）近くでの太子町商工会による福引き。テント内で福引きの券を買い、当たった景品を右側の仮設の建物で受け取った。春会式といえどもまだ2月、福引き券を売る男性の傍には火鉢が見える。〈揖保郡太子町鵤・昭和49年・提供＝武内憲章氏〉

▲稗田神社秋祭りでの鵤屋台の練り　仁王門東の斑鳩寺南側道路上での屋台の練り。指揮の「チョーオオッサ（丁差）」の号令で、屋台内で太鼓をたたく乗り子が「サーシマーショー（差しましょう）」と声を上げ、担ぎ手がそれに応じて「ソリャ」の声とともに頭上に差し上げる。「チョーサ（丁差）」が見せ場の勇壮な練りである。〈揖保郡太子町鵤・昭和20年代前半・提供＝井上利勝氏〉

▶稗田神社の秋祭り

稗田神社の秋祭りは、長く10月14日・15日であったが、近年は10月の第2土・日曜日となっている。斑鳩寺境内にある講堂東側の聖霊権現社が稗田神社の御旅所であるが、その逆であった時期もあったという。背後の三重塔は昭和25年秋から解体修理が行われるので、その修理前の姿と思われる。写真は鵤地区の面々。〈揖保郡太子町鵤・昭和20年代前半・提供＝井上利勝氏〉

▲東南地区の法伝哉①　昭和27年4月27日の斑鳩寺三重塔解体修理落慶供養に奉納するお幡入れ・法伝哉の出発前の集合写真である。左後方には子どもたちの顔も見え、写真中央の兜をかぶった人物の背後には斑鳩寺の境内略図が貼られている。〈揖保郡太子町東南・昭和27年・提供＝改野裕氏〉

▲東南地区の法伝哉②　地区を挙げての行事であり、大勢がいろいろな役割を分担していた。幡を立てる幡掛、鉦・太鼓をたたき演技する鉦方・太鼓方、それに警固などの役があり、子どもたちの小児隊もあった。役割分担別に記念撮影しているが、これは法螺貝方を含めた、鉦・太鼓掛である。〈揖保郡太子町東南・昭和27年・提供＝太子町立歴史資料館〉

◀法伝哉に参加した親子　法伝哉に参加した東南地区の親子。当日の朝、網干の写真店に出向いてもらって自宅で撮影したという。片襷をした父親は幡を立てる幡掛、9歳の兄と5歳の双子の弟は東南地区の桔梗の紋が入った小さな幡を持って行列に参加した。〈揖保郡太子町東南・昭和27年・提供＝井上利勝氏〉

▲◀▼梛《なぎ》八幡神社の獅子舞　例祭で奉納される獅子舞は、氏子地域の各村により年毎の当番制で行われている。江戸時代から300年以上も伝承されており、10種を超える演目を舞う華やかなものである。「梛八幡神社神事獅子舞」として県指定の無形民俗文化財となっている。〈たつの市神岡町沢田・上：昭和30年代・提供＝石原肇夫氏／左・下：昭和60年・提供＝武内憲章氏〉

◀**小宅《おやけ》神社の獅子舞と薙刀の演舞①**　小宅神社の氏子区域は10数カ村あり、10数年に一度の当たり年に宮脇公民館前にある観音堂の広場に舞台を組んで獅子舞と薙刀演舞を奉納した。〈たつの市龍野町宮脇・昭和29年・提供＝原田みや子氏〉

▼**小宅神社の獅子舞と薙刀の演舞②**　薙刀演舞を終えて、自宅の門内で撮られた油単獅子との記念写真である。〈たつの市龍野町宮脇・昭和29年・提供＝原田みや子氏〉

▼**馬場賀茂神社の獅子舞**　獅子舞参加者が、ずらり居並び記念撮影。現在は馬場自治会の馬場賀茂神社獅子保存会により継承されており、各地のイベントなどで舞われている。〈たつの市揖保川町馬場・昭和25年・提供＝吉田斉氏〉

◀片吹稲荷神社の餅ほり　厄除けのために行われた神事で、集まった人々へ餅をほって（投げて）いる。昭和の頃は全国でよく見られた光景だが近年は少なくなった。この地域の神社などでは、現在も折あれば行われている。〈たつの市誉田町片吹・昭和45年・提供＝武内憲章氏〉

▲正條のトンド（左義長）　正條のトンドは中心に芯棒を立て、竹で組んだ骨組みに藁で編んだハカマを丁寧に巻き、中に藁、柴などを詰めて精巧につくられる。着火の忌火《いみび》も神社から受けてくるなど旧習を守っている。大人用と子ども用の2つのトンドがあるが、子ども用から先に火がつけられる。製作からお焚き上げまで地区挙げての一大行事である。戦後中断したが、昭和52年頃に復活した。〈たつの市揖保川町正條・昭和57年・提供＝柴原さとみ氏〉

◀燃え盛るトンド　撮影場所は特定できないが、トンドに火を入れたところ。宍粟市や太子町でも見られる行事である。〈たつの市・昭和57年・提供＝武内憲章氏〉

9 戦後教育と懐かしの学舎

昭和二十年八月十五日の終戦後、文部省は、翌十六日の「学徒動員の解除」をはじめ、戦時体制を解除し学校を平時の状態にもどすための通達をつぎつぎに出した。

九月十五日には、文部省から「新日本建設の教育方針」が発表され、九月二十日には「教科用図書取扱方」が通達されて、いわゆる「墨塗り教科書」が生まれた。

さらに連合国軍最高司令官総司令部（GHQ）から、十月二十二日の「日本教育制度に対する管理政策」をはじめとして四つの指令が発せられて、「修身・国史・地理」科目の停止や御真影の返還、奉安殿の撤去が行われた。ついで米国教育使節団の勧告を含む報告書と文部省の「新教育指針」を基礎とした「教育基本法」が、昭和二十二年三月三十一日に公布された。民主主義教育の目的、理念、教育行政の大綱が定められ、義務教育は九カ年に延長された。同時に公布された「学校教育法」によって六・三・三制の単線型新学校制度が定まり、「戦後教育」が出発した。

この新学制度において、昭和十六年に国民学校となっていた名を再び復しただけともいえる小学校とは異なり、新制中学校はまさに新設であった。新制中学校の多くが小学校の校舎や教室を借りて出発したため、ほとんどの地方自治体にとって、校地の選定、校舎の建築、教員の確保は急務で、それらの維持にも財政面を含めて多大な苦労を強いられることとなった。

また高校も、旧制中学校・女学校などを母体として、学校の統合や総合制、男女共学化などへの方策が打ち出され速やかな新制への移行が図られたが、それらは短時間で処理できることではなかった。昭和二十三年四月には、当地域の旧制龍野中学校と龍野高等女学校もひとまず校名だけをそれぞれ龍野南高等学校、龍野北高等学校と付け替え、さらに七月には男女共学化を前提とした両校生徒の折半交流が希望と抽選によって実施された。両校は九月に統合されて龍野高等学校となり、一応の落ち着きを見せるが、全校生徒が同校舎で学べることとなるのはまだ二年近く先のことであった。

「戦後教育」はやがて、戦後に学校教育機関として位置づけられた幼稚園を含めて、めざましく普及する。昭和二十五年に全国で四二・五パーセントであった高校進学率は昭和四十年に七〇・七パーセント、昭和四十九年には九〇・八パーセントと、九〇パーセントを超えた。そしてこの間、よりよい教育環境が求められ、プールや体育館の建設、校舎の改築が進められ、学び舎はその姿を大きく変えてきている。

（室井美千博）

▲石海小学校で器楽演奏　木琴、ハーモニカ、太鼓、鈴など、児童たちがそれぞれ一つずつ楽器を持って演奏している。教室の後ろの壁に貼られている「かい虫しらべ」のグラフが時代をうかがわせる。この頃、全国で小学生の寄生虫卵保有率は60パーセントを超え、社会問題となっていた。〈揖保郡太子町福地・昭和24年頃・提供＝太子町立歴史資料館、石海小学校蔵〉

▲**旧学制最後の卒業生**　西谷国民学校高等科最後の卒業生となった昭和21年度高等科の2年生である。卒業の翌月にあたる昭和22年4月から新学制が施行され、国民学校初等科は新制小学校に変わり、高等科は新制中学校に移行した。この卒業生たちのほとんどは新制中学校3年となり、翌23年3月に新学制最初の卒業生となった。〈宍粟市波賀町安賀・昭和22年・提供＝米澤充氏〉

▲**龍野小学校**　明治6年創立。龍野の城下町の中にある小学校の学級写真で、後ろは木造の旧校舎。昭和26年の龍野市発足に伴い市立となった。〈たつの市龍野町上霞城・昭和24年頃・提供＝渡部清子氏〉

▲龍野小学校の掃除風景　板張りの床を雑巾掛け。何度もバケツの水を替えながら、丁寧に手で拭いた。創始は明治。同44年に龍野尋常高等小学校、昭和22年に龍野町立龍野小学校となる。同49年に創立100周年記念式典を行っている。〈たつの市龍野町上霞城・昭和48年頃・提供＝平田美世子氏〉

▲小宅小学校の卒業式　卒業生3学級合同の記念写真である。当時の学級編成は、一学級あたりの上限が59人のいわゆる「寿司詰め教室」で、全校合わせて26学級であった。現在は、兵庫県において原則一学級35人以内となるような学級編成が実施されている。〈たつの市龍野町日飼・昭和28年・提供＝原田みや子氏〉

◀揖保小学校100周年記念大運動会　揖保小学校は明治9年、興譲《こうじょう》小学校として現在の場所に開校した。この写真の年は創立100周年にあたり、記念事業として「百年史」の編纂や記念音楽会、揖保町民挙げての記念大運動会が開催された。運動会では明治、大正、昭和時代の衣服や人の一生をテーマに、各自治会ごとに工夫を凝らした仮装行列も行われた。〈たつの市揖保町西構・昭和51年・提供＝揖保上自治会〉

▶揖保小学校の運動会　出番を終えて整然と、万国旗が張られた退場門を出る児童たち。揖保村立から龍野市立となって四半世紀が過ぎた頃である。〈たつの市揖保町西構・昭和50年・提供＝武内憲章氏〉

◀親子バレーボール大会　場所は揖保小学校。昭和39年の東京オリンピックで「東洋の魔女」と呼ばれたバレーボール女子日本代表が金メダルを獲得したことなどを契機にバレーボールが人気となり、「ママさんバレー」も全国的に広がっていった。生活家電が普及し、主婦の労働が軽減されて余暇が増加したことも追い風となった。写真は親子レクリエーションのようすだが、この頃はまだ屋外で行われるのは珍しいことではなかった。〈たつの市揖保町西構・昭和50年頃・提供＝武内憲章氏〉

◀河内小学校の５年生　窓から身を乗り出したり、足を前に出したり。笑顔が弾け、のびのびとしたようすの子どもたち。教師たちも身ぎれいで、戦争時代からの解放を感じさせる。同校が河内の名を校名に冠したのは明治24年。写真は河内村立時代である。〈たつの市揖保川町金剛山・昭和24年・提供＝芦谷正勝氏〉

▶河内小学校学芸会　「三匹の子豚」を演じた男の子たち。坊主頭にお面、手には小道具。役目を終えたわらの家、木の家、煉瓦の家の後ろに立って皆で記念撮影。〈たつの市揖保川町金剛山・昭和30年・提供＝芦谷正勝氏〉

◀神部小学校新校舎建設工事風景　神部小学校は山上に建てられていたが、児童数の増加や敷地の問題などから黍田南の山麓へ移転することとなり、昭和53年6月に新校舎の起工式が行われた。普通教室18、特別教室4、給食室が翌年に完成。体育館、プールも新設された。〈たつの市揖保川町黍田・昭和53年・提供＝柴原さとみ氏〉

▲室津小学校の旧校舎　室津小学校は明治5年、御番所跡に建てられた榁《むろ》生《お》小学校から始まった。同35年に見性寺の北側に写真の新校舎が建てられた。正面にベランダを設けたモダンな建物であった。昭和46年、同校は殿浜に移転。現在、校舎1階部分と玄関脇の二宮金次郎の像だけが、室津児童館として残っている。〈たつの市御津町室津・昭和33年・撮影＝吉村廣夫氏〉

◀小・中学校合同の運動会の綱引き　室津小学校の運動会は旧室津村地域の一大行事であった。当時は室津小学校の校舎の一部が御津中学校室津分校として使用されており、小・中学生に大人も加わり盛大に行われた。この伝統は、地域ぐるみの運動会として今も続いている。〈たつの市御津町室津・昭和30年・撮影＝吉村廣夫氏〉

▲城下小学校を空撮　改築された城下小学校の全景である。写真右に菅野川と県道26号に架かる螺旋式の歩道橋が見える。左側には城原中学校（現山崎南中学校）が隣接している。〈宍粟市山崎町御名・昭和51年・個人蔵〉

▶城下小学校のプール　子どもたちはプールが大好き。水を掛け合ったり、潜ったりと夢中であるが、常に危険が伴うので教員にとっては気が抜けない時間である。〈宍粟市山崎町御名・昭和52年・個人蔵〉

◀城下小学校の滑り台　当時の小学校には写真のような滑り台が多く設置されていて、特に低学年に人気だった。高学年になると遊び方が変わり、ここで鬼ごっこなどをして危険なこともあった。また、学級写真の撮影にもなかなか最適であった。〈宍粟市山崎町御名・昭和54年・提供＝志水出吉氏〉

▶神戸小学校の木造校舎前で　校舎の玄関前に並んだ児童たちは一年生。中央付近の児童は学習研究社の学習誌「一年ブック」を手に持っている。同校は明治28年に創立、写真は神戸村立だった頃で、同31年に一宮町立となる。背後の木造二階建て校舎は昭和9年の完成。同51年の鉄筋コンクリート造新校舎建設に伴い解体された。〈宍粟市一宮町東市場・昭和28年頃・提供＝中村巌氏〉

▲西谷小学校の卒業記念　撮影時は西谷村立西谷小学校であったが、昭和31年に西谷村と奥谷村が合併して波賀町が発足した際に波賀小学校と改称され、平成17年からは宍粟市立となった。その後、平成27年に野原小学校、道谷小学校と合併して新たな波賀小学校となる。後ろに写る校舎は昭和11年に完成し、同55年まで歴史を共にした。〈宍粟市波賀町安賀・昭和25年・提供＝米澤充氏〉

▲千種東小学校新校舎　明治6年創立の千種東小学校の長い歴史においても、昭和41年11月に講堂以外の建物を焼失した火災は、とりわけ悲しい出来事であった。しかし校舎の再建が即刻なされ、翌年には完成。新校舎前の運動場に「東小」の人文字を描き、空からの記念撮影が行われた。同校は平成23年に閉校している。〈宍粟市千種町鷹巣・昭和42年・提供＝太子町立歴史資料館、太田小学校蔵〉

▶千種東小学校の業間体育　運動場で児童たちが、マット運動や鉄棒をしている。授業の合間の休み時間（業間）に行われていた「業間体育」のようすである。基礎体力の向上を図る目的で実施されていた。〈宍粟市千種町鷹巣・昭和42年頃・提供＝太子町立歴史資料館、太田小学校蔵〉

◀千種東小学校児童の理科の実験　千種東小学校1年生の理科の実験風景。教室から飛び出して行う野外観察や実験実習は特別で楽しいものだった。〈宍粟市千種町鷹巣・昭和43年・提供＝太子町立歴史資料館、太田小学校蔵〉

▲千種北小学校で雪踏み　当時は雪が降り積もると、足でしっかりと雪を踏みかためて通学路を確保していた。同校は宍粟市域の北西部を学区とする小学校であったが、平成23年から24年にかけて旧千種町内の小学校はすべて統合され、宍粟市立千種小学校が新たに誕生した。〈宍粟市千種町西河内・昭和40年頃・提供＝ふるさと宍粟写真集第2集〉

▲新築成った龍田小学校　明治8年に進徳小学校の名で創立。昭和25年5月に新校舎が落成し、祝いの飾りを施した校舎の前で来賓、教職員ら関係者が記念撮影した。龍田村立だった頃で、同30年、龍田村と太子町の合併により太子町立となる。〈揖保郡太子町佐用岡・昭和25年・提供＝太子町立歴史資料館、龍田小学校蔵〉

▲斑鳩小学校の卒業記念写真　後方には斑鳩町役場が見える。卒業生たちの洋服がまちまちなところから当時の世相が感じられる。〈揖保郡太子町鵤・昭和27年・提供＝太子町立歴史資料館、斑鳩小学校蔵〉

▲石海小学校で授業参観　母親たちが廊下から授業中の教室を覗き込んでいる。児童数が多くなりはじめた年代であるから、教室に入りきれなかったのだろうか。〈揖保郡太子町福地・昭和27年・提供＝太子町立歴史資料館、石海小学校蔵〉

▲石海小学校の飼育小屋　ヤギやニワトリの世話をする児童たち。動物とのふれあいを通じて、生命の大切さを学んだ。〈揖保郡太子町福地・昭和27年・提供＝太子町立歴史資料館、石海小学校蔵〉

◀太田小学校のこども郵便局
郵便局の特設窓口である「こども郵便局」は昭和23年に大阪の小学校から始まって、全国の小・中学校に広まった。通帳は模擬であったが、実際に現金のやり取りや記帳などの業務を児童が行った。貯蓄を入口に、経済への関心を持たせることを企図していた。〈揖保郡太子町東出・昭和30年代・提供＝太子町立歴史資料館、太田小学校蔵〉

▲太田小学校の体育館落成記念　太田小学校の体育館が昭和40年10月に完成した。真新しい体育館を背景にした教職員をはじめとする関係者らの記念写真である。〈揖保郡太子町東出・昭和40年・提供＝太子町立歴史資料館、太田小学校蔵〉

▲龍野中学校　昭和30年頃の新制龍野中学校の外観である。市議会で市内4中学校を統合し2中学校を設置する決議がなされて同42年に閉校となり、新しく龍野東中学校と龍野西中学校が設置された。〈たつの市龍野町上霞城・昭和30年頃・提供＝たつの市〉

◀学校組合立新宮中学校の教室の窓に集う　新宮町、香島村、越部村、西栗栖村、東栗栖村の5カ町村が連携して昭和22年に設立された新宮中学校の生徒たち。同中学校の発足は、のちの5カ町村合併による新宮町誕生のきっかけのひとつとなった。〈たつの市新宮町・昭和23年・提供＝冨田耕三氏〉

▲今はなき正條中学校の名　広々とした校庭に人文字で校名が描かれている。正條中学校は戦後の新学制施行により半田、神部、河内村学校組合立として開校。昭和26年の町村合併に伴い揖保川町立となり、同44年に、揖保川中学校と改称された。〈たつの市揖保川町正條・昭和31年頃・提供＝芦谷正勝氏〉

▶正條中学校の入学式　初々しい新中学生たち。女子の制服は、下衣がスカートではなくズボンである。髪型もそれぞれ違って、一様におかっぱという時代は終わったようだ。〈たつの市揖保川町正條・昭和31年・提供＝吉田斉氏〉

▲▼神河中学校　神河中学校は、昭和22年に河東村と神野村の学校組合立として設置されたが、両村の生徒たちが同一校舎に入ったのは同24年であった。30年の町村合併で山崎町となった際に、組合立から町立の中学校となる。上写真は校舎の全景。下写真は校舎玄関前での教職員の記念撮影。学校表札の上には、まだ英語表記の表札が残っている。同校は昭和63年に廃校となり、蔦沢中学校と統合して新たに山崎東中学校が誕生した。〈宍粟市山崎町岸田・上：昭和30年代後半／下：昭和30年代・提供＝米澤充氏〉

▲在りし日の菅野中学校　新学制実施に伴い、昭和 22 年に菅野小学校東校舎を仮校舎として開校。翌年新校舎が完成し、移転した。同 59 年に山崎中学校と統合されて山崎西中学校となり、閉校となった。跡地には菅野小学校が新築された。〈宍粟市山崎町青木・昭和 50 年頃・提供＝ふるさと宍粟写真集第 2 集〉

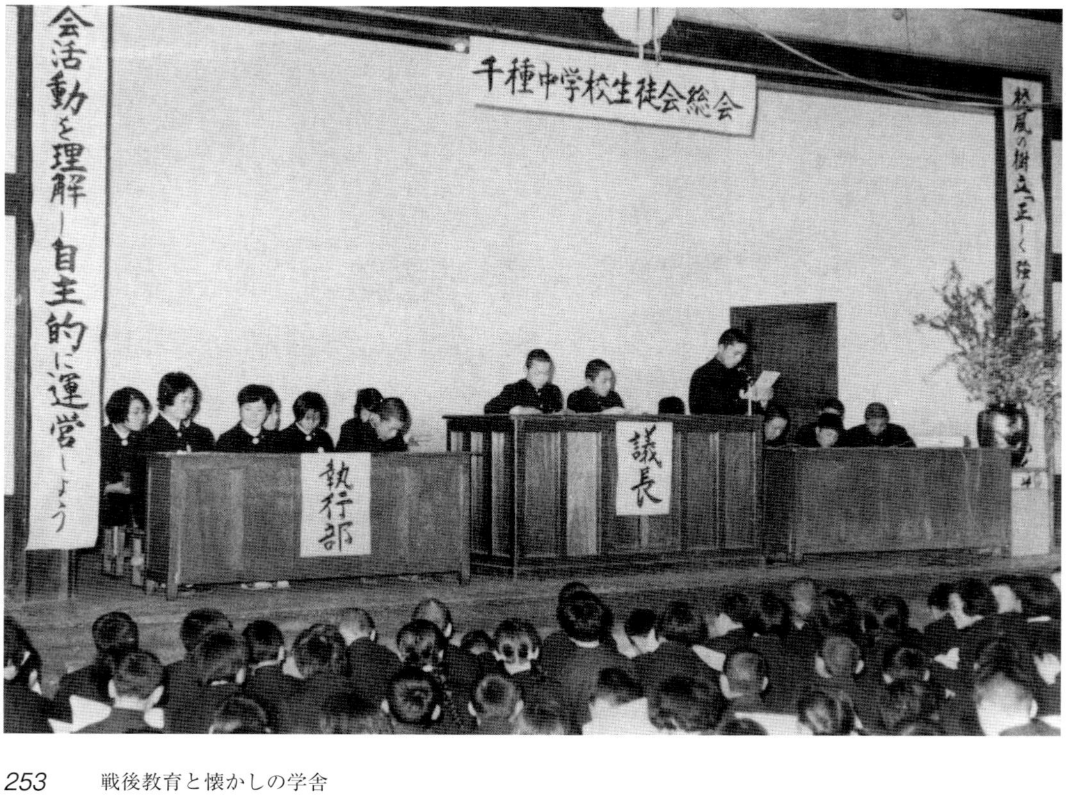

◀千種中学校の生徒会総会　昭和 22 年、新学制実施とともに創立。開校当初は千種南小学校に併設されていたが、同 25 年にようやく校舎が完成した。写真は生徒会総会のようすで、壇上には執行部が並び、議長席から全校生徒に向けて話をしているようだ。〈宍粟市千種町河呂・昭和 30 ～ 40 年代・提供＝追憶ふるさと宍粟写真集〉

▲太子中学校新校舎落成　第二期工事の落成を記念し、真新しい校舎の前にずらりと居並ぶ教職員ら関係者たち。太子中学校はこの年、龍田中学校、石海中学校、揖東中学校の3校が合併し、開校した。昭和57年には生徒数の増加により太子東中学校を分離、太子西中学校と改称されて現在に至る。〈揖保郡太子町立岡・昭和34年・提供＝太子町立歴史資料館、斑鳩小学校蔵〉

▲龍野工業高校の野球風景　新学制の施行を受け、龍野工業高校となった年の写真。建築科と土木科の2年生が野球の対抗試合を行っている。戦後の民主主義教育のもと「體操」が「体育」となり、体育の授業は生徒の希望で野球をすることが多かった。100メートル走のタイムが成績になったことがあったといい、通知表は秀・優・良・可・不可の5段階評価だった。〈たつの市龍野町北龍野・昭和23年・提供＝志水出吿氏〉

▶龍野工業高校の実習風景　共同作業の木工実習は一番楽しいものだった。2人の教師から指導を受けている。この翌年、龍野実業高校と校名が改称された。〈たつの市龍野町北龍野・昭和23年・提供＝志水出吉氏〉

◀龍野工業高校の弁当の時間　午前中4校時あったが、2校時が終了する頃には、「早弁」する生徒もいた。そのためか、机に弁当を広げていない者も。一方、遠方から通学している生徒は、帰りに腹が空くため、同調しなかったという。〈たつの市龍野町北龍野・昭和23年・提供＝志水出吉氏〉

▶龍野実業高校新宮分校の人文字　東京オリンピック開催を記念して運動場に人文字を描き、航空写真を撮った。同校は昭和40年に分離独立して新宮高校となったが、平成20年に龍野実業高校と合併し龍野北高校となり閉校した。〈たつの市新宮町新宮・昭和39年・提供＝たつの市〉

▲龍野高校南校舎全景　龍野高校南校舎の前身は、旧制龍野中学校であるが、昭和20年、21年と2度の火災で校舎を焼失する。しかし残った建物もある。中央やや左の、現在もあるクスノキの右側（西）に建つ、龍友会館（同窓会館）をはじめ寄宿舎や道場など西側の建物のほか、写真一番手前（北）にある大正14年竣工の校舎もそうである。その奥（南）は昭和23年8月に新築された校舎、さらに奥の平屋3棟は火災後に急きょ播磨造船所従業員宿舎を移設、転用した仮校舎である。クスノキからやや右下の寄棟平屋は本館で、火災後にこの場所へ移築された。校舎の周囲が畑になっており、戦後の食糧難を感じさせる。〈たつの市龍野町日山・昭和24年・提供＝小嶋逸也氏〉

▶龍野高校本館　龍野中学校創立当初の本館で、昭和18年の新本館建設の際、校舎群の南東隅（現在の食堂、道場辺り）に移築され、龍中記念館となっていた。そのため昭和20、21年の火災を免れ、その後に再び移築されて本館に戻ったが、同25年に新本館が竣工し、以後図書館となった。ただし建物の南北は2回目の移築で逆になっている。53年の新本館（100番棟）建設時に取り壊された。〈たつの市龍野町日山・昭和24年・提供＝小嶋逸也氏〉

▶龍野高校南校舎教職員　明治30年創立の龍野中学校と同39年創立の龍野高等女学校は、戦後の学制改革で昭和23年4月、それぞれ龍野南高校と龍野北高校となった。その後、新制中学発足当初から原則とされていた男女共学化を実現させるために、まず同年7月に両校生徒が折半交流し、9月1日には両校を統合して龍野高校が誕生した。同25年までは、統合前の両校舎を利用し、南校舎、北校舎と呼んだ。写真は本校舎でもあった南校舎の本館と教職員である。〈たつの市龍野町日山・昭和24年頃・提供＝楠由紀子氏〉

◀龍野高校の男子生徒たち　上の写真と同じ南校舎の本館前で撮影された一枚。当時の3年2組の生徒たちである。〈たつの市龍野町日山・昭和24年・提供＝小嶋逸也氏〉

▶龍野高校の卒業生　それぞれ龍野中学校と龍野高等女学校時代に入学した生徒たちで、龍野高校になってから初めての卒業生にあたる。この卒業写真の撮影場所は南校舎。〈たつの市龍野町日山・昭和24年・提供＝楠由紀子氏〉

▶山崎高校定時制伊和分校の卒業式　昭和36年、山崎高校定時制の三方・波賀・神戸の3分校が統合されて伊和分校となった。写真はその翌年の卒業写真。この後の4月に全日制の伊和分校となり、同39年に独立し伊和高校となった。〈宍粟市一宮町・昭和37年・提供＝進藤光昭氏〉

▲龍野ドレスメーカー女学院卒業記念　記録によると、昭和26年の同学院の職員数は3人で、生徒数75人。揖保川町にあった兼松羊毛の女子工員をはじめ、近隣から多くの生徒が通っていたという。龍野には他に山南洋裁学院、井塚服装研究所などの洋裁学校があった。戦後女性のファッションに対する関心、憧れの表れともいえるだろう。〈たつの市龍野町本町・昭和25年・提供＝楠由紀子氏〉

▶新姫洋裁学院　戦争が終わり、世の中が落ち着くにつれて女性たちも、より洗練された洋服を求めるようになった。新宮にも2年制の洋裁学校が開校し、多くの生徒が学んだ。学院の前に並んで記念撮影するのは、同学院の修了生たち。〈たつの市新宮町新宮・昭和20年代後半・提供＝冨田耕三氏〉

▲龍野幼稚園の運動会①　紙の花を頭に飾って、お遊戯の披露だろうか。龍野幼稚園は明治期に創設された歴史ある公立幼稚園で、今もその伝統を受け継ぐ。左上に写る建物は、大正時代築の龍野醤油同業組合事務所。平成27年まで「うすくち龍野醤油資料館別館」として使用されていた。〈たつの市龍野町上霞城・昭和43年頃・提供＝平田美世子氏〉

▲龍野幼稚園の運動会②　運動会の人気競技「玉入れ」をする園児たち。父母ら観客が見守る。中には我が子の晴れ姿を撮影している人も。〈たつの市龍野町上霞城・昭和44年・提供＝楠由紀子氏〉

◀▼**神部《かんべ》幼稚園の園児たち**　神部幼稚園の元気な園児たち。左写真は園庭の遊具の前で。下写真は運動会の光景である。同園では黍田富士登山や龍野公園などへの園外保育も行った。〈たつの市揖保川町黍田・昭和44年頃・提供＝井河原産業株式会社〉

▶河内幼稚園学芸会　子どもたちは戦後生まれ。演じているのは「大きなかぶ」。こうした演目にも平和な時代の訪れが表れる。〈たつの市揖保川町浦部・昭和26年・提供＝吉田斉氏〉

◀山崎聖旨保育園入口　大正８年創立の日本基督教団山崎教会が運営する保育園の外観。長きにわたりキリスト教精神に基づいた保育を行っている。〈宍粟市山崎町鹿沢・昭和40年・提供＝あがた薬局〉

▶山崎聖旨保育園園庭の障害物競走　園児たちは赤、白のはちまきをそれぞれ頭に巻いて、元気いっぱい真剣そのもの。職員たちが優しい笑顔で見守っている。〈宍粟市山崎町鹿沢・昭和41年・提供＝あがた薬局〉

協力者および資料提供者

（敬称略・順不同）

芦谷正勝
東　賢司
石原肇夫
井上利勝
巖　孝代
上田敬祐
上谷昭夫
内海つや
大塚敏正
大西和子
大西秀則
大西博和
尾野高一
改野　裕
開発　轟
梶浦文雄
樫原隆男
角倉吉彦
北川一夫
北村哲朗
楠由紀子
桑名敏朗
小嶋逸也
柴原さとみ
志水出𠮷
志水鈴子
清水佳美
進藤光昭
高島俊一

高見彰彦
武内憲章
田中眞吾
土井勝憲
徳永耕造
冨田耕三
中村　巖
二井上邦彦
橋本　譲
原田みや子
平田美世子
室井美千博
盛田賢孝
矢野義則
吉田　斉
吉村廣夫
米澤　充
渡部清子

あがた薬局
井河原産業株式会社
御菓子司　櫻屋
株式会社喜多村
株式会社セイバン
木南書店
サタディサン
鈴村弘盛堂
ヒガシマル醤油株式会社
うすくち龍野醤油資料館
斑鳩ふるさとまちづくり協議会
揖保上自治会
龍野武者行列保存会
斑鳩寺

たつの市役所
松原公民館
宍粟市教育委員会
山崎歴史郷土館
太子町立歴史資料館
太子町立斑鳩小学校
太子町立太田小学校
太子町立石海小学校
太子町立龍田小学校
兵庫森林管理署

＊このほか多くの方々から資料提供やご教示をいただきました。謹んで御礼申し上げます。

おもな参考文献

（順不同）

『龍野市史』第三巻（龍野市史編纂専門委員会／一九八五年）
『龍野市史』第六巻（龍野市史編纂専門委員会／一九八三年）
『龍野市史』第七巻（龍野市史編纂専門委員会／一九八六年）
『播磨 新宮町史　本文編』（兵庫県たつの市／二〇〇九年）
『揖保川町史』第二巻（揖保川町史編纂専門委員会／二〇〇四年）
『揖保川町史』第三巻（揖保川町史編纂専門委員会／二〇〇一年）
『御津町史』第二巻（御津町史編集専門部委員会／二〇〇三年）
『御津町史』第四巻（御津町史編集専門部委員会／一九九九年）
『御津町史編集図録Ⅱ漁業展』（御津町教育委員会／一九九二年）
『御津町史編集図録Ⅲ室の祭礼』（御津町教育委員会／一九九三年）
『山崎町史』（山崎町史編集委員会／一九七七年）
『波賀町誌』（波賀町誌編集委員会／一九八六年）
『一宮町史』（一宮町史編集委員会／一九八五年）
『千種町史』（千種町史編纂委員会／一九八三年）
『太子町史』第二巻（太子町史編集専門委員会／一九九六年）
『太子町史』第四巻（太子町史編集専門委員会／一九九〇年）
『安富町史　通史編』（安富町史編集委員会／一九九四年）
『揖保郡石海村史』（播磨地方史料刊行会／一九八一年）
『兵庫県宍粟郡誌（復刻）』（兵庫県宍粟郡役所／一九八五年）
『兵庫県教育史』（兵庫県教育委員会／一九九九年）
『龍野の建築』（龍野市総務課市史編集係／一九八七年）
『市勢要覧：龍野市』（内海七郎／一九五一年）
『市制40周年記念市勢要覧』（龍野市総務部企画情報課／一九九一年）
『みんなで築こう 夢たつの――市制施行50周年記念』（龍野市総務部企画広報課／二〇〇一年）
『観光龍野50年のあゆみ』（龍野観光協会50年記録誌編集委員会／二〇〇二年）
『写真でつづる新宮の百年』（『写真でつづる新宮の百年』編集委員会／一九九三年）
『はりま新宮 ふるさとの道標 新宮町閉町記念誌』（新宮町企画総務課／二〇〇五年）
『揖保川町勢要覧』（揖保川町／二〇〇四年）
『御津町町勢要覧』（御津町役場総務課／二〇〇〇年）
『宍粟のあゆみ』（宍粟郡誌編纂委員会／二〇〇〇年）
『一宮町小字地名集』（兵庫県宍粟郡一宮町／二〇〇五年）
『学校沿革史』（宍粟市立河東小学校）
『斑鳩小学校百年史』（斑鳩小学校創立百周年記念実行委員会／一九七四年）
『石海小学校百年史』（石海小学校百周年記念実行委員会／一九七六年）
『太田小学校　教育百年の歩み』（太田小学校創立百周年記念実行委員会／一九七六年）
『創立百周年記念誌』（龍野幼稚園創立１００周年記念事業実行委員会／一九九一年）
『龍野高等学校百年史』（百年史編集委員会／一九九七年）
『創立70周年記念誌』（兵庫県立龍野実業高等学校創立７０周年記念行事実行委員会／一九九一年）
『〝揖保乃糸〟80年のあゆみ』（兵庫県手延素麺協同組合／一九六七年）
『兵庫県手延素麺協同組合百年史』（兵庫県手延素麺協同組合／一九八七年）
『ヒガシマル醤油のあゆみ』（ヒガシマル醤油株式会社／一九九三年）
『神姫バス50年史』（神姫バス社史編纂委員会／一九七九年）
『躍進―設立50年のあゆみ』（井河原産業株式会社／二〇〇七年）
『斑鳩寺の大開帳―聖俗混沌・宝物公開の場―』（太子町立歴史資料館／二〇〇八年）
『播磨国風土記―はりま１３００年の源流をたどる』（播磨学研究所／二〇一六年）
『城下町 龍野物語』（石原元吉／一九九一年）
『龍野武者行列：その由来とあゆみ』（龍野武者行列保存会／二〇〇〇年）
『一円融合』（福田自治会「ｉのまち創造事業」伝統文化調査班／二〇〇三年）
『写真集　明治大正昭和　龍野』（石原元吉／一九八〇年）
『目で見る龍野・揖保・宍粟の一〇〇年』（河合四郎／二〇〇二年）
『たつの・宍粟・太子今昔写真帖』（河合四郎／二〇〇八年）
『変わりゆく室津』（吉村廣夫／二〇〇三年）
『追憶 ふるさと宍粟写真集』（宍粟市「学びあい、支えあい」地域活性化推進事業実行委員会／二〇〇八年）
『ふるさと宍粟写真集第2集』（宍粟市「学びあい、支えあい」地域活性化推進事業実行委員会／二〇一一年）
『新版日本史年表』（歴史学研究会／一九八四年）
『角川日本地名大辞典（28）兵庫県』（「角川日本地名大辞典」編纂委員会／一九八八年）
『日本歴史地名大系29-2　兵庫県の地名Ⅱ』（今井林太郎／一九九九年）

＊このほかに各自治体の要覧や広報誌、新聞記事、住宅地図、ウェブサイトなどを参考にしました。

写真取材
岸雄一郎
装幀・DTP
末武名津美
編集・制作
櫻井京
三輪由紀子　藤谷世津子　加納麻理　永井有加　小島沙也子
販売企画
株式会社樹林舎出版販売

写真アルバム　**たつの・宍粟・太子の昭和**

2017年2月17日　初版発行
発 行 者　山田恭幹
発 行 所　樹林舎
〒468-0052　名古屋市天白区井口1-1504-102
TEL: 052-801-3144 FAX: 052-801-3148
http://www.jurinsha.com/
発 売 元　兵庫県教育図書販売株式会社
印刷製本　今井印刷株式会社

ISBN978-4-908436-04-8 C0021
*定価はカバーに表示してあります。
*乱丁・落丁本はお取り替えいたします。